Zitruspflanzen

AUTOR: HANS-PETER MAIER | FOTOS: TANJA RATSCH

Inhalt

4 Zitruspflanzen-Praxis

- 5 Erfolg und Spaß mit Zitruspflanzen
- 6 Zitruspflanzen für jeden Geschmack
- 10 Ein Platz an der Sonne
- 11 Geeignete Sommerquartiere
- 11 Zitrus in Wintergärten
- 12 So topfen Sie Zitruspflanzen richtig um
- 12 Doppelt hält besser: die Gefäße
- 12 Info: Eintopfen wie ein Profi
- 14 Gießen mit Gefühl
- 14 Info: Regen- oder Leitungswasser?
- 15 Typische Gießfehler
- 16 Düngen nach Maß
- 16 Der richtige Nährstoff-Mix
- 16 Fit mit Spurenelementen
- 16 Info: Welche Dünger eignen sich?
- 17 Das Rezept der Profis
- 18 Gut in Form mit dem richtigen Schnitt
- 20 Tipps & Tricks für die Sommerpflege
- 22 Zitruspflanzen selbst vermehren
- 24 Schädlinge – nein danke!
- 24 Wichtig: eine genaue Diagnose
- 24 Info: Bewährtes Hausmittel ohne Gift
- 26 Symptome erkennen – Pflegefehler vermeiden
- 26 Info: Wenn Blüten oder Früchte fehlen
- 28 So kommt Zitrus fit durch den Winter
- 28 Die richtige Temperatur
- 30 Pflegetipps für die kalte Jahreszeit

32 Pflanzen-Porträts

34 Zitronen & Limetten
Zitrone, Meyer's Zitrone, Rote Zitrone, Saure Limette, Kaffir-Limette, Mandarinen-Limette, Süße Limette, 'Pursha'-Limette, Limequat, Wüstenlimette

40 Orangen
Orangen (Apfelsinen), Vollblut-Orange, Halbblut-Orange, Buntblättrige Orange, Pomeranze (Bitterorange), Bergamotte, Chinotto, Dreiblättrige Orange

48 Mandarinen & Kumquats
Mandarinen & Co., Cleopatra-Mandarine, Kucle, Calamondin, Tangelo, Kumquat

54 Pampelmusen & Zitronatzitronen
Grapefruit, Pampelmuse, Lipo, Zitronatzitrone

Extras

- 8 Special: Darauf kommt es an: Kriterien für den Kauf
- 58 Glossar
- 60 Register
- 62 Service
- 64 Impressum

Umschlagklappen:
    Multitalente mit Starqualitäten
    Die 10 GU-Erfolgstipps
    Schöne Partner für Zitruspflanzen

Zitruspflanzen-Praxis

Das ganze Jahr über erfreuen uns Zitruspflanzen mit ihren duftenden Blüten und vielfältigen Früchten. Und die Gäste aus dem sonnigen Süden sind gar nicht schwer zu pflegen: Wer einige Tipps beachtet, wird an ihnen viele Jahre lang Freude haben.

Erfolg und Spaß mit Zitruspflanzen

Am Anfang ist es oft ein einzelnes Zitronenbäumchen, eine Calamondin oder eine Kumquat, die man als Geschenk erhält. Und am Ende ist man stolzer Besitzer einer stattlichen Zitruskollektion, zu der man immer neue Raritäten hinzufügen möchte: Zitruspflanzen regen zum Sammeln an! Wen die Leidenschaft erst einmal gepackt hat, den lässt sie so schnell nicht wieder los. Schließlich gibt es unzählige Sorten zu entdecken, Früchte zu kosten und sich die Zeit mit lieblichen oder erfrischenden Blatt- und Blütendüften zu versüßen.

Mediterranes Flair

Zitruspflanzen sind Botschafter des Südens und verbreiten mediterranes Lebensgefühl. Bei richtiger Pflege sehen sie das ganze Jahr tipptopp aus, denn sie behalten ihr duftendes Blattkleid rund ums Jahr. Weil die Erntezeit vieler Sorten in die Wintermonate fällt, sorgen ihre Früchte gerade dann, wenn es draußen trist und düster ist, für lebhafte Farbtupfer. Und wenn Sie manchmal das Fernweh plagt: Bei einer Pause zwischen Ihren Zitruspflanzen auf der sommerlichen Terrasse oder im Wintergarten erscheint die Zeit bis zum nächsten Urlaub plötzlich nur noch halb so lang.

Gewusst wie: die Pflege

Selbst die Pflege kann für Büromenschen eine Quelle der Entspannung und Erholung sein. Zitruspflanzen brauchen pro Tag nur ein paar Minuten Aufmerksamkeit. Diese allerdings entscheiden über den Erfolg: Nur so können Sie kontrollieren, ob die Bodenfeuchte stimmt, die Pflanzen genug Nährstoffe haben oder sich vielleicht Schädlinge ausbreiten. Stimmt etwas nicht, können Sie rechtzeitig eingreifen und Schäden von Anfang an verhindern.

Zitruspflanzen für jeden Geschmack

Zitruspflanzen sind langlebig und deshalb eine Investition in die Zukunft. Überlegen Sie daher vor dem Kauf genau, was sie von einer Zitrussorte erwarten – umso besser wird sie Ihre Wünsche erfüllen! Herrlichen Duft bieten fast alle: Bis auf die Dreiblättrige Orange, ihre Kreuzungen und wenige andere Wildarten verströmen die Blüten aller Zitruspflanzen ein köstliches Aroma. Intensität und Note können aber sehr unterschiedlich sein.

Früchte und Blüten: klein oder groß?

Für viele Zitrusfreunde stehen die leckeren Früchte und die hübschen Blüten an der ersten Stelle. Das Angebot ist vielfältig:

› Manche Zitruspflanzen liefern kleine, dafür aber sehr zahlreiche Früchte. Zu ihnen gehören beispielsweise Mandarinen (→ Seite 48 ff.) sowie Saure Limetten (→ Seite 36) und ihren Verwandten. Die Fülle der kleinen Früchte sorgt dafür, dass die gesamten Pflanzen sehr dekorativ wirken, denn jede Frucht ist ein auffälliger Farbtupfer.

› Nur wenige, dafür aber große Früchte reifen an Zitrusarten wie den Zitronatzitronen (→ Seite 56) oder Pampelmusen (→ Seite 55), aber auch an Orangen (→ Seite 40 ff.). Sie sind dafür so imposant und zum Teil so außergewöhnlich geformt, dass sie echte Eyecatcher sind. Ein ganz besonders eigenwilliger Vertreter ist 'Buddha's Hand' (→ Seite 57). Übrigens: Egal, ob Sie klein- oder großfrüchtige Arten wählen: Gesamtvolumen und -gewicht der Früchte unterscheiden sich bei beiden kaum.

› Siegerinnen im Wettstreit um die größten Blüten sind Grapefruit, Pampelmuse und Zitronatzitronen.

› Mit kleinen, aber dafür umso zahlreicheren Blüten bestechen dagegen Mandarinen, Limetten sowie Kumquat.

Süß oder sauer?

Bei Zitruspflanzen kommt jeder auf seine Kosten – die Palette der unterschiedlichen Aromen und Geschmacksrichtungen ist groß.

› Wer am liebsten direkt vom Baum nascht, greift zu süßen Zitrusarten wie den Blond-Orangen 'Washington Navel', 'Valencia' oder 'Vainiglia' (→ Seite 40 f.). Oder zu Clementinen, Mandarinen und den kernlosen Satsumas (→ Seite 48 ff.).

› Wer es lieber süß-sauer mag, pflückt Kumquat-Früchte (→ Seite 52 f.) frisch vom Zweig und genießt sie mitsamt der Schale.

Cleopatra-Mandarinen (links) und 'Pursha'-Limetten (rechts) fruchten reich und sind sehr dekorativ.

Gelbschalige Pampelmusen (links) zählen zu den größten Zitrusfrüchten mit reichlich bitter-süßem Fruchtfleisch. Orangen (rechts) sind zum Naschen und Saftpressen beliebt. Grüne Limetten (Mitte) und gelbe Zitronen (ganz vorne) sind sauer, saftreich und unverzichtbar in Küche und Bar.

› Liebhaber saurer Früchte wählen Zitronen (→ Seite 34/35) und Limetten (→ Seite 36/37). Ihr frisch gepresster Saft ist gesüßt als Getränk oder in alkoholischen Drinks ein Genuss. In der Küche gibt der Saft vielen Speisen den letzten Pfiff. Grundsätzlich ist der Saft aller Zitrusfrüchte nutzbar – auch wenn manche Arten einen bitteren Geschmack haben.
› Und nicht zuletzt sind geriebene oder kandierte Schalen einiger Arten – etwa der Zitronatzitrone – bei Desserts oder Kuchen nicht wegzudenken.

Klein- oder großwüchsig?

Bedenken Sie bei der Auswahl auch, wie viel Platz Sie für Ihre Zitruspflanzen haben: So zählen Zitronen etwa zu den starkwüchsigsten Arten und können pro Jahr gut 1 m zulegen. Nur ein fachgerechter Schnitt hält sie klein. Die Vertreter der Mandarinen wachsen ebenfalls kräftig, bleiben von Natur aus aber schön dicht. Zu den kleinwüchsigen Zitruspflanzen zählen viele Kumquats und Limetten sowie einzelne Sorten anderer Zitrusgruppen.

Darauf kommt es an: Kriterien für den Kauf

Zitruspflanzen sind im Trend und werden auf sehr unterschiedlichen Märkten angeboten: Per Internet (Versandhandel), auf Wochenmärkten, in Gärtnereien oder im Supermarkt. Die Preise fallen entsprechend unterschiedlich aus. Aber tut man mit so manchem »Schnäppchen« auch einen guten Griff? Egal, wo Sie kaufen: Mit den folgenden Kriterien finden Sie die für Sie richtigen Pflanzen.

1 Veredelte Zitruspflanzen

Reiche Ernten und schmackhafte Früchte sind Ihnen bei veredelten Zitruspflanzen sicher (→ Seite 22/23.). Sie sind überdies besonders langlebig, da sie kräftig, robust und wenig anfällig für Krankheiten sind. Allerdings ist die Anzucht veredelter Pflanzen zeit- und arbeitsintensiv. Deshalb sind sie teurer als Zitruspflanzen aus Stecklingen.

2 Raritäten haben ihren Preis

Einige wenige Zitrusarten wie Calamondin, Chinotto, Kumquat oder Zitronen werden in riesigen Zahlen in den Mittelmeerländern produziert. Supermärkte und Großhändler können diese Pflanzen deshalb zu attraktiven Preisen anbieten. Wer jedoch keine Standardsorte möchte, sondern nach Ausgefallenerem sucht – etwa 'Buddha's Hand' (→ Abb. 2) –, bewegt sich in einem Markt der kleinen Mengen. Super-Sonderangebote sind hier selten, da die Nachfrage oft das Angebot übersteigt, etwa bei historischen Bitterorangen-Sorten (→ Seite 44).

3 Groß oder klein – die goldene Mitte

Bei der Wahl der Pflanzengröße empfiehlt sich der goldene Mittelweg: Kleine Pflanzen sind zwar preiswert, Pflegefehler wirken sich bei ihnen aber sofort und drastischer aus als bei größeren und älteren Pflanzen. Diese sind zwar teurer, können aber dank ihrer Reserven Pflegefehler viel besser ausgleichen. Sehr große Pflanzen sollten sich nur erfahrene Zitrusfans zulegen: Die hohe Investition ist weniger riskant, weil bei ihnen die Gefahr geringer ist, dass die Pflanzen durch Pflegefehler eingehen.

4 Attraktiver Fruchtschmuck

Natürlich greift man beim Kauf lieber zu Zitruspflanzen, die über und über mit Früchten behängt sind, als zu einem Bäumchen, das nur spärlich bestückt ist. Doch der erste Eindruck kann täuschen: Zitruspflanzen wie zum Beispiel Kumquat oder Satsumas (→ Abb. 4) alternieren. Das heißt, auf ein Jahr mit reicher Ernte folgt oft eine Saison mit Minimal-Erträgen. Der momentane Fruchtreichtum gibt deshalb nicht allein über die Vitalität und Gesundheit einer Pflanze – und damit ihre langfristig hohe Qualität – Auskunft. Achten Sie stattdessen besser darauf, dass das Astgerüst kräftig ist und die Blätter gesund sind. Die Veredelungsstelle sollte gut verwachsen sein und der Stamm nicht wackeln, wenn man vorsichtig daran rüttelt.

5 Spaliere: schön, aber kompliziert

Als Flachspalier gezogene Zitruspflanzen erfreuen sich großer Beliebtheit, da sie platzsparend sind. Aber sie sind schwerer zu pflegen als strauch- oder baumförmige Pflanzen mit runder Krone, denn für den Schnitt bzw. das Binden der Zweige sind eine gute Portion Übung nötig. Zitrus-Einsteiger sollten deshalb besser Bäumchen oder Büsche wählen.

Ein Platz an der Sonne

Ob Zitruspflanzen gedeihen, hängt vor allem davon ab, ob Sie ihnen neben einem passenden Winterquartier (→ Seite 28) einen geeigneten Sommerstandort bieten können. Denn als Pflanzen des Südens brauchen sie reichlich Licht und Wärme. Deshalb sind Zitruspflanzen – obwohl sie oft als »Zimmerpflanzen« verkauft werden, für ein Dauerleben in warmen Wohnräumen nicht geschaffen. Da die Fensterscheiben einen großen Teil des für die Pflanzen verfügbaren Lichtspektrums herausfiltern, reicht die Lichtausbeute oft nur für locker verzweigte, sparsam beblätterte Pflanzen mit unnatürlich großem Laub. Die Kronen tragen zwar oft ein gutes Maß an Früchten, erfüllen die Wünsche an eine dekorative Pflanze aber längst nicht immer. Außerdem sind Zitruspflanzen, die ganzjährig im Zimmer stehen, anfälliger für Schädlinge als ihre Kollegen im Freiluftquartier.

Grundsätzlich fühlen sich deshalb alle Zitrusarten im Sommer an einem Standort im Freien wohler,

> Spätestens ab Mitte Mai, meist jedoch schon im April, ist Zeit für die Sommerfrische: Jetzt ist der beste Standort für Zitronen und Co. ein sonniger Platz auf der Terrasse, dem Balkon oder im Garten.

auch solche Arten, die dank ihres kompakten und langsamen Wuchses »Fensterbank-Format« haben, wie beispielsweise Limequat, Chinotto oder Calamondin (→ Seiten 39, 45, 51).

Geeignete Sommerquartiere

An vollsonnigen Sommerplätzen auf der Terrasse, dem Balkon oder im Garten blühen Zitruspflanzen richtig auf: Sie tragen Jahr für Jahr überreichlich Blüten und Früchte. Die hohe Lichtintensität führt dazu, dass sich die Kronen dicht verzweigen und reich beblättert sind. Immer noch optimal sind als Standorte Balkone und Terrassen mit Süd- und Südwestlage. Aber eins versteht sich fast von selbst: Kühle, schattige Nordlagen sind für diese »Sonnenkinder« tabu.

Ab ins Freie Den Zeitpunkt, wann Zitruspflanzen im Frühling ins Freie dürfen, bestimmt das individuelle Klima in Ihrem Garten. Je nach Region und Kleinklima am Standort fällt der Startschuss im milden Rheintal oft schon Anfang April, im kontinental geprägten Berlin vielleicht erst Mitte Mai, im rauen Alpenvorland oder in den Mittelgebirgen dagegen Ende Mai. Als Faustregel gilt: Die Temperaturen sollten draußen nicht mehr unter die Durchschnittstemperatur im Winterquartier sinken, sondern 3–5 °C höher liegen. Haben die Pflanzen zum Beispiel bei über 15 °C überwintert, dürfen sie erst später hinaus als solche, die an 3, 5 oder 8 °C gewöhnt sind.

Mein Tipp Stellen Sie Ihre Zitruspflanzen möglichst nur ein Mal ins Freie und räumen Sie sie nicht mehrfach »rein und raus«. Jeder Wechsel bedeutet für die Pflanzen Stress. Stellen Sie sie auch nicht sofort in die pralle Sonne – Blattverbrennungen wären die Folge. Wählen Sie entweder eine wolkenreiche Woche zum Ausquartieren, oder stellen Sie

Wintergärten können ganzjährige Zitrusquartiere sein, sofern ihre Verglasung genügend für die Pflanzen verwertbares Licht durchlässt.

die Pflanzen die ersten sieben bis zehn Tage an einen halbschattigen Platz.

Zitrus im Wintergarten

Ein Kompromiss für einen ganzjährigen Standort kann – je nach Verglasung – ein Wintergarten sein.
› Gut eignen sich Modelle mit Einfach- oder Doppelglas, weil sie sehr lichtdurchlässig sind.
› Hinter beschichtetem Sonnenschutzglas stehen Zitruspflanzen dagegen fast im Dunkeln: Ein Großteil des für die Pflanze verfügbaren Lichts wird herausgefiltert.
› Heute gängige Wärmeschutzgläser sind bei Wintergärten mit Südlage eine Lösung. Sie bieten eine akzeptable Lichtausbeute. Werden die Blätter aber unverhältnismäßig groß und die Abstände von Blatt zu Blatt immer länger, weist dies auf Lichtmangel hin. Dann müssen die Pflanzen im Sommer ins Freie.

So topfen Sie Zitruspflanzen richtig um

Eine gute Pflanzerde ist das A und O für das Gedeihen gesunder Zitruspflanzen.
Verwenden Sie unbedingt Zitruserde von guter Qualität. Ein Blick auf das Etikett lohnt sich. Gute Substrate enthalten maximal 60 Prozent Humus (organischer Anteil) und 40 Prozent mineralische Anteile wie Bims, Lavagestein, gebrochenen Blähton und Kalksplitt zu je etwa 10 Prozent. Ein solcher Mix bleibt über Jahre strukturstabil, d. h., er sackt nicht zusammen. Die Pflanzenwurzeln können reichlich Wasser- und Nährstoffe aufnehmen und bekommen auch bei wassergesättigter Erde genug Sauerstoff. Qualitativ hochwertige Erde hat außerdem den Vorteil, dass Sie beim Eintopfen auf die Dränage verzichten können.

Vermeiden Sie Mischungen mit zu hohen Torf- oder Humusanteilen. Sie zersetzen sich innerhalb einer Saison, sodass die Zitruspflanzen immer tiefer in den Topf sinken oder Hohlräume im Wurzelbereich entstehen. Solche Substrate können schlecht Wasser speichern. Gießt man wieder, stehen die Wurzeln im Wasser, leiden unter Sauerstoffmangel und faulen leicht.

Doppelt hält besser: die Gefäße

Mein Tipp: Setzen Sie Zitruspflanzen nicht direkt in die Übertöpfe, sondern zuerst in einen Pflanz- und dann in den Übertopf. Zitruspflanzen können groß und schwer werden, und auch die Übertöpfe bringen einiges an Gewicht mit. Zwei getrennte Gefäße erleichtern beim Aus- und Einräumen ins Sommer- bzw. Winterquartier den Transport, da Sie Topf und Übertopf separat tragen können. Darüber hinaus entsteht zwischen den Gefäßen eine isolierende Luftschicht, sodass sich die Wurzeln im Sommer nicht so leicht überhitzen.

› Als Pflanztöpfe verwendete Tontöpfe sorgen im Sommer für ein gutes Klima im Wurzelbereich. Allerdings sind sie zerbrechlich, ab einer gewissen Größe sehr schwer und teuer. Ein weiterer Nachteil: Sie trocknen sehr schnell aus. Diese hohe Verdunstungsrate führt im Winter dazu, dass sich die Wurzeln leicht »verkühlen«.

› Heute haben sich als Pflanztöpfe deshalb stabile Plastiktöpfe durchgesetzt. Sie sind zwar meist nicht allzu attraktiv, dafür aber leicht, preisgünstig und obendrein lange haltbar. Mittlerweile gibt es außerdem Kunststofftöpfe, die den Tontöpfen täuschend ähnlich sehen.

› Bei der Wahl des Übertopfs können Sie sich ganz von Ihrem Geschmack leiten lassen – ob Sie Terrakotta, Keramik, Metall, Holz oder Kunststoff bevorzugen, bleibt Ihnen überlassen. Alle Gefäße sollten Löcher im Boden für den Wasserabzug haben. Diese verhindern Staunässe.

Eintopfen wie ein Profi

GIESSRAND Pflanzen Sie Zitrus so ein, dass die Oberfläche des Ballens 2–3 cm unterhalb des Topfrands endet. Dieser Gießrand erleichtert das Wässern. Achten Sie darauf, dass keine Wurzeln aus der Erde ragen, sie würden austrocknen und absterben.
STÄMME Häufeln Sie Zitrus-Stämme niemals mit Erde an! Sonst fault die Rinde, und die Pflanzen gehen schließlich ein.

1 Lösen Sie die Pflanze vorsichtig aus dem Topf: Der Ballen darf nicht auseinanderfallen. Wenn nötig, fahren Sie mit einem Messer am Rand entlang.

2 Die Pflanzhöhe ist wichtig, um später gut gießen zu können. Legen Sie dazu einen Stab über den Topfrand und messen Sie 2–3 cm nach unten ab.

3 Füllen Sie die Erde portionsweise ein. Ist der Raum zwischen Ballen und Topfrand sehr schmal, drücken Sie die Erde mit einem Holzstiel fest.

4 Meist ist frische Pflanzerde zu trocken und entzieht den Wurzeln Wasser. Wässern Sie frisch umgesetzte Zitruspflanzen deshalb sofort kräftig.

Richtig ein- und umtopfen

Sie können ganz leicht prüfen, ob bei Ihrer Zitruspflanze ein »Umzug« in einen neuen Topf fällig ist.
› Lösen Sie die Pflanze sanft aus dem Gefäß. Fällt der Wurzelballen schon beim ersten Ziehen auseinander, können Sie mit dem Umtopfen noch warten.
› Lässt sich der Ballen als Ganzes herausziehen und ist die Erde von einem dichten Wurzelgeflecht durchzogen, ist es Zeit für ein größeres Pflanzgefäß.
Je älter eine Zitruspflanze wird, umso seltener muss man sie umtopfen. Kleinere Exemplare bis zu einem Topfdurchmesser von rund 25 cm sind dagegen meist jährlich an der Reihe.

Die Topfgröße Der neue Topf sollte im Durchmesser nur 2–3 cm größer sein als der alte. Zu große Gefäße fassen zwar viel frische Erde, Zitruspflanzen können sie aber gar nicht so schnell durchwurzeln. Die Folge: Weil undurchwurzelte Erde nach dem Gießen lange nass bleibt, erhöht sich die Gefahr von Staunässe und Wurzelfäulnis.

Der Umtopftermin Die beste Zeit zum Umtopfen ist der Spätwinter, kurz bevor Ihre Zitruspflanzen beginnen auszutreiben. In der neuen Erde können sie dann gut junge Wurzeln bilden. Manchmal ist eine Zitruspflanze im Spätwinter aber noch nicht so stark durchwurzelt, dass ein Umtopfen sinnvoll ist. Viele Pflanzen legen erst später kräftig zu, sodass der Topf im Sommer schließlich doch zu klein wird. Warten Sie in diesem Fall mit dem Umsetzen nicht bis zum Folge-Frühjahr. Sie dürfen die Pflanzen bis einschließlich August umsetzen, danach aber nicht mehr, da die Einwinterung meist das Wachstum stoppt und die Pflanzen das neue Substrat nicht mehr durchwurzeln.

Umtopfen Schritt für Schritt Gehen Sie beim Umtopfen vorsichtig vor und verletzen Sie die Wurzeln nicht. Die frische Erde sollte nicht in einem Rutsch, sondern portionsweise eingefüllt werden, damit sich nichts verkeilt und sich keine Hohlräume bilden. Angießen nicht vergessen (→ Abb. 1–4).

Gießen mit Gefühl

Regelmäßige Wassergaben sind die Grundlage für die Gesundheit der Zitruspflanzen – im Topf steht ihnen schließlich nur eine sehr begrenzte Wassermenge zur Verfügung.

Auf die Menge kommt es an

Wie viel Wasser eine Zitruspflanze braucht, lässt sich pauschal nicht sagen. Der Bedarf hängt von vielen Faktoren ab.

› Die Erde kann je nach Qualität stark torfhaltig, lehmig oder steinig sein. Je nachdem wirkt sich 1 l Wasser völlig unterschiedlich aus: Das Substrat kann kaum angefeuchtet oder tropfnass sein.

› Auch die Topfgröße hat einen Einfluss: Für eine Zitruspflanze in einem kleinen Gefäß kann die Gabe von 1 l Wasser bereits »Land unter« bedeuten. Bei großen Pflanzen in großen Töpfen wird mit der gleichen Wassermenge dagegen nur die oberste Schicht Erde benetzt: Tiefer reichende Wurzeln gehen leer aus und sterben mit der Zeit ab.

› Ein weiterer Faktor ist die Konstitution der Pflanze: Ein geschwächter Zitrus mit wenig Blättern verbraucht wenig Wasser und ist besonders anfällig für Nässeschäden. Voll belaubte, vitale Exemplare sind dagegen ausgesprochen durstig und laufen viel eher Gefahr zu vertrocknen.

Als Faustregel gilt: Gießen Sie jeweils so viel, dass jedes Gefäß bis zum Grund durchfeuchtet wird. Doch auch wenn Wasser aus den Abzugslöchern am Topfboden herausläuft, heißt das noch nicht, dass die Gießmenge ausreicht. War die Erde stark ausgetrocknet, zieht sie sich zusammen, sodass an den Topfwänden Spalte klaffen, über die viel Wasser ungenutzt abläuft. In diesem Fall hilft nur mehrfaches kurz aufeinander folgendes Gießen oder ein Tauchbad (→ Seite 21).

Mein Tipp Um ein Gefühl für die nötige Wassermenge zu entwickeln, sollten Sie die Pflanzen ab und zu hochheben: Gut getränkte Töpfe sind schwer, trockene sehr leicht. Einmalig können Sie die Pflanze auch aus dem Topf ziehen, um zu sehen, wie tief das Wasser eingedrungen ist.

Der richtige Gießrhythmus

Gießen Sie auf keinen Fall nach einem festen Schema, beispielsweise immer dienstags und freitags, sondern geben Sie das Wasser immer dann, wenn die Erde hell wird und so anzeigt, dass sie abgetrocknet ist. Diese Zeitspanne ist je nach Jahreszeit sehr unterschiedlich. Am besten machen Sie täglich einen »Mini-Check«, bei dem Sie mit dem Finger prüfen, ob die Erde noch feucht ist.

› Im Sommer verbrauchen Zitruspflanzen an sonnigen Tagen sehr viel Wasser, und Sie müssen vielleicht täglich reichlich gießen. Ein Topf mit

---

Regen- oder **Leitungswasser**?

In der Regel gießt man Zitruspflanzen mit kalkarmem, rund 15–25 °C warmem Wasser. Neue Untersuchungen haben aber gezeigt, dass Zitrus mehr Kalzium benötigen, als bisher angenommen. Deshalb tut es Ihren Pflanzen durchaus gut, wenn Sie zum Beispiel während der Wintermonate oder in sommerlichen Dürrezeiten, wenn kaum Regenwasser zur Verfügung steht, mit normalem Leitungswasser gießen.

1 Zitruspflanzen, die wiederholt unter Trockenheit leiden, zeigen den Mangel zuerst mit eingerollten Blättern an, später verfärben sie sich fahlgelb.

2 Gießen Sie bei jeder Gabe so viel, dass die Erde bis zum Topfboden durchfeuchtet wird. Benetzt man stets nur die obersten Zentimeter Erde, sterben die tiefer liegenden Wurzeln ab.

3 Zitruspflanzen, die nicht in den Genuss regelmäßiger Regenschauer kommen, sollte man gelegentlich abduschen, um Staubablagerungen abzuwaschen.

30–35 cm Durchmesser benötigt im Durchschnitt 5–7 Liter pro Tag, bei 60–70 cm großen Töpfen sind es schon 20–30 Liter.

› Im Winter, wenn das Licht fehlt und die Temperaturen niedrig sind, sinkt der Bedarf dagegen rapide. Eine einzige Wassergabe kann für zwei Wochen und länger reichen. Eine Ausnahme sind Zitruspflanzen in Wintergärten: Hier kann eine Wassergabe an einem einzigen Sonnentag aufgebraucht sein!

Typische Gießfehler

Fehlt die Erfahrung im Umgang mit Zitruspflanzen, kommt es leicht zu Gießfehlern. Folgende Kriterien helfen, den Wasserbedarf richtig einzuschätzen.

Zu wenig gießen Stehen Zitruspflanzen zu trocken, zeigen sie dies zunächst mit schlaff herabhängenden, an den Rändern nach oben eingerollten Blättern an. Gießen Sie binnen Stunden, füllen die Blätter ihre Reservoirs rasch wieder auf, und ein Schaden bleibt aus. Tritt ein solcher Wassermangel jedoch wiederholt auf, verlieren die Blätter ihren dunkelgrünen Glanz und werden fahl, gelblich oder fleckig. Trocknet die Erde ganz aus, fallen in den Folgetagen und -wochen die Blätter ab. Der Verlust ist jedoch weniger schlimm, als es auf den ersten Blick scheint. Weil Zitruspflanzen aus ihrer Heimat Trockenperioden gewohnt sind, treiben vitale Pflanzen sehr schnell wieder frische Blätter aus.

Zu viel gießen Auch wenn eine Zitruspflanze ständig zu viel gegossen wird, wirken die Blätter schlaff, sie rollen sich aber meist nicht ein. Solche Staunässeschäden treten vor allem im Winter auf. In der Folge fallen immer mehr Blätter ab, meist ohne ihre grüne Farbe einzubüßen. Verringert man auch dann die Wassergaben nicht, sterben die Zweige von oben her ab. Sie färben sich braun und trocknen zurück. Häufig wird dieses Symptom fatalerweise für einen Trockenschaden gehalten – und die Pflanze noch mehr gegossen. Ursache für das Zurücktrocknen der Zweige ist jedoch, dass die Wurzeln in der nassen Erde abfaulen. Schließlich ist die Wurzelmenge so gering, dass sie die Pflanze nicht mehr versorgen kann. Bei einer so stark durch Staunässe und Wurzelfäule geschädigten Pflanzen lohnt sich das Umtopfen kaum – sie würde drei Jahre oder mehr brauchen, um sich zu erholen.

Düngen nach Maß

In Töpfen kultivierte Zitruspflanzen sind darauf angewiesen, dass Sie ihnen die lebenswichtigen Nährstoffe regelmäßig in Form von Dünger verabreichen. Und der darf nicht zu knapp bemessen sein: Zitruspflanzen verbrauchen sehr viel Nahrung.

Der richtige Nährstoff-Mix

Die wichtigsten Pflanzennährstoffe sind Stickstoff (N), Phosphor (P) und Kalium (K). Vereinfacht ausgedrückt fördert Stickstoff das Wachstum und die Blattbildung, Phosphor die Entwicklung der Blüten, und Kalium beeinflusst die Qualität der Früchte. Damit Zitruspflanzen optimal gedeihen können, müssen diese Nährstoffe in einem ganz bestimmten Verhältnis im Dünger enthalten sein. Nach neuesten Forschungserkenntnissen sollte der Anteil an Phosphor am geringsten sein. Optimal auf die Bedürfnisse von Zitruspflanzen abgestimmt sind Dünger mit einem Mischungsverhältnis von N zu P zu K mit 1,0 : 0,2 : 0,7 bis 1,0 : 0,1 : 0,8. Die auf der Düngerpackung angegebenen Werte sollten beispielsweise bei 23 % Stickstoff, 5 % Phophor und 16 % Kalium liegen. Achten Sie beim Kauf unbedingt auf diese Zahlen, denn viele handelsübliche Dünger weisen deutlich höhere Phosphatanteile auf! Solche Dünger können bei Zitruspflanzen jedoch die Aufnahme von Spurenelementen stören.

Kalzium Lange wurde der Bedarf von Zitruspflanzen an Kalzium (Ca), das Bestandteil von Kalk ist, unterschätzt. Geben Sie deshalb gelegentlich – etwa drei bis sechs Mal im Jahr – kalkhaltigen Dünger, zum Beispiel kohlensauren Kalk, auf die Erde. Dadurch steigt der pH-Wert der Erde zwar an, dies ist für die Pflanzen jedoch unschädlich. Prüfen Sie den pH-Wert des Bodens ab und zu mit einem pH-Test (Fachhandel). Ideale Werte liegen unter pH 6,5.

Fit mit Spurenelementen

Neben den Hauptnährstoffen brauchen Zitruspflanzen weitere Mineralien und Spurenelemente.

Eisen Hellgrüne oder fahlgelbe Blätter mit grünen Blattadern können auf Eisenmangel hinweisen. Moderne Dünger enthalten sogenannte Eisenchelate (Fe-EDDHA), die auch dann für die Wurzeln verfügbar bleiben, wenn der pH-Wert der Pflanzerde über 6 liegt. Eisendünger wird gern als Blattdünger verwendet und in niedriger Konzentration mit einer Sprühflasche auf die Blätter gegeben. Vorsicht: Das Tropfwasser verursacht Rostflecken! Man kann Eisendünger aber auch auf die Erde geben. Erholt sich die Pflanze trotzdem nicht, liegt vermutlich ein genereller Mangel aller Nährstoffe vor – dies kommt sehr viel häufiger vor als reiner Eisenmangel.

Weitere Spurenelemente Neben Eisen brauchen Zitruspflanzen des Weiteren Kupfer, Bor, Mangan,

---

Welche **Dünger eignen** sich?

LANGZEITDÜNGER Die auch Depotdünger genannten Produkte geben die Nährstoffe über mehrere Monate lang gleichmäßig an die Pflanzen ab und sichern die Grundversorgung. Die nötige Menge wird meist in Gramm pro Liter Erde angegeben.

SOFORT WIRKSAME VOLLDÜNGER Diese flüssigen oder festen Dünger geben den Pflanzen im Sommer eine Extraportion schnell verfügbare Nährstoffe.

Zink und Magnesium. Diese Elemente sind in guten handelsüblichen Düngern enthalten.

Auf die Dosis kommt es an

Der Prozentsatz der Hobbygärtner, die ihre Zitruspflanzen zu wenig düngen, ist sehr viel höher als die Zahl derer, die ihre Zitruspflanzen überdüngen. Deshalb keine Angst vor regelmäßigen Nährstoffgaben – nur bei kränkelnden, stark geschwächten Pflanzen sollten Sie mit dem Düngen so lange aussetzen, bis die Pflanze mit frischem Austrieb anzeigt, dass sie auf dem Weg der Besserung ist.

Augen auf beim Düngerkauf Weil Zitruspflanzen immer »hungrig« sind und mehr Nährstoffe verbrauchen als viele andere Pflanzen, reicht der Nährstoffgehalt vieler handelsüblicher Dünger für sie nicht aus. Selbst Zitrusdünger liefern den Pflanzen manchmal nicht genug Nährstoffe, wenn man, wie Tests gezeigt haben, in der auf der Packung angegebenen Konzentration und Häufigkeit düngt. Achten Sie deshalb beim Kauf eines Düngers auf seinen Nährstoffgehalt. Der Wert für Stickstoff sollte zum Beispiel bei 15 % und höher liegen, wie es bei professionellen Gartenbaudüngern der Fall ist. Bei einem Dünger mit einem Stickstoffgehalt von mehr als 15 % genügt meiner Erfahrung nach während der Wachstumszeit eine Düngergabe pro Woche. Liegt er unter 7 %, sollten Sie mindestens zwei Mal pro Woche düngen.

Das Rezept der Profis

In meinem Gärtnereibetrieb bewährt sich eine Kombination aus einem Langzeitdünger und einem hochwertigen mineralischen Sofortdünger. Ersterer wirkt drei Monate lang und wird mindestens drei Mal pro Jahr – Februar, Mai, August – direkt auf die Erde gestreut. Letzteren bringt man während der Hauptwachstumszeit von März bis Juni alle zwei bis drei Wochen nach Bedarf aus. Wachsen Zitruspflanzen bei mildem Wetter auch im Herbst und Winter noch, bekommen sie weiterhin alle zwei Wochen eine Portion Sofortdünger.

Ob Sie sich für flüssige Dünger oder Produkte in Pulverform entscheiden, ist nebensächlich. Flüssige Dünger können Sie sofort ins Gießwasser geben, Pulver müssen Sie zunächst auflösen.

1 Streuen Sie die Kügelchen von Langzeit- oder Depotdüngern auf die Erde, oder bohren Sie einige Löcher, um sie tiefer ins Erdreich einfüllen zu können.

2 Flüssigdünger misst man mit der Messkappe ab und mischt sie ins Gießwasser. Jede Pflanze erhält von der Düngerlösung eine normale Gießgabe.

3 Dünger in Pulverform wiegt man mithilfe einer Briefwaage ab und löst sie im Gießwasser auf. Abgestandene Lösungen vor dem Gießen gut umrühren!

Gut in Form mit dem richtigen Schnitt

Zitrusliebhaber erwarten von ihren Pflanzen in erster Linie, dass sie dekorativ aussehen. Anders als im professionellen Anbau dient der Schnitt deshalb nicht dazu, den Ernteertrag zu steigern, sondern eine optisch attraktive Pflanzenform und die Gesundheit der Pflanze zu erhalten.

Regelmäßig schneiden

Für den Schnitt bei Zitruspflanzen in Töpfen gilt: Je häufiger Sie schneiden, umso besser. Greifen Sie lieber immer gleich zur Schere, wenn Pflanzen aus der Form geraten, anstatt damit allzu lange zu warten. Das Schneiden der Pflanzen regt diese dazu an, sich frisch zu verzweigen. Die Kronen wachsen umso dichter und bleiben in der gewünschten Größe. Außerdem müssen Sie dann weniger stark eingreifen, als wenn Sie nur alle paar Jahre schneiden. Sie haben also letztlich weniger Arbeit. Im Übrigen bekommt ein sanfterer Schnitt den Pflanzen besser.

Die Schnittzeiten

Zitruspflanzen schneidet man vor allem im Frühjahr und Sommer. Im Herbst und Winter sollten Sie dagegen nicht schneiden: Schnittwunden verheilen zu diesen Zeiten zögerlicher, und durch die Schnittstellen können Krankheitserreger eindringen.

Zeitiges Frühjahr Der wichtigste Schnittzeitpunkt ist im zeitigen Frühjahr, kurz bevor die Zitruspflanzen frisch austreiben. Der konkrete Termin hängt vom Überwinterungsort ab: Zitruspflanzen in beheizten Wintergärten zeigen oft schon im Februar frische Triebspitzen, bei wenig Licht überwinterte Pflanzen in kühlen Wohnräumen oft erst im April. Kurz vor Ende der Winterruhe ist es auch erlaubt, dickere Äste zu durchtrennen. Sie können jetzt also kräftig bis ins alte Kronengerüst zurückschneiden, etwa bei Pflanzen, die im unteren Bereich kahl oder licht geworden sind. Entfernen Sie auch abgestorbene Zweige und schneiden Sie beschädigte Zweige bis ins gesunde Gewebe zurück. Dieses erkennen Sie an der grünen Schicht (Kambium) unter der Rinde.

Schnitt im Sommer Auch die Sommermonate zwischen Juni und August eignen sich für den Schnitt.

Der perfekte Schnitt sorgt für eine wohlgeformte Krone. Pflanze und Gefäß wirken harmonisch.

Kürzen Sie jetzt vor allem zu lange Zweige. Denn je länger Sie einen Ast wachsen lassen, den Sie ohnehin entfernen werden, weil er die Optik stört, umso mehr Kraft vergeudet die Pflanze. Nach dem Schnitt kann Ihr Zitrus diese Energie in neue Verzweigungen, mehr Blüten oder Früchte stecken. Führen Sie deshalb im Sommer bei starkwüchsigem Zitrus wie Zitronen mehrere leichte Schnitte durch.

Die Schnitttechnik

Auch die Schnittstelle am Zweig entscheidet über den Erfolg: Setzen Sie die Schere dort an, wo ein Blatt oder ein Blattansatz nach außen zeigt. Schneiden Sie 1–2 mm über dem Blattansatz leicht schräg nach außen. Schneidet man dagegen an einem Blattansatz, der ins Kroneninnere zeigt, wachsen quer stehende Zweige, die den Kronenaufbau stören.

1 EINKÜRZEN Ziel des Einkürzens ist es, dem Idealbild einer runden, gleichmäßigen Krone möglichst nahe zu kommen. Schneiden Sie deshalb nicht alle Zweige auf die gleiche Länge, sondern so, dass die Kronenform im Umriss einem Dreiviertel-Kreis entspricht. Schneiden Sie stets knapp oberhalb und leicht schräg über einem Blatt oder einer Blattknospe, die nach außen zeigt.

2 WILDTRIEBE ENTFERNEN Bei veredelten Zitruspflanzen sprießen häufig Zweige aus dem Stammstück unterhalb der verdickten Veredelungsstelle. Diese Zweige nennt man Wildtriebe. Sie sind nicht erwünscht, da sie meistens starkwüchsig sind und Früchte von minderer oder anderer Qualität liefern. Man schneidet sie deshalb ganz dicht am Stamm ab, sobald man sie entdeckt.

3 WUNDPFLEGE Zitruspflanzen sind sehr schnittverträglich und treiben selbst dann neue Zweige, wenn man dicke Äste entfernt. Da große Schnittwunden über 1,5–2 cm Durchmesser jedoch nur langsam verheilen und vom Rindengewebe (Kambium) überwallt werden, sollte man die Wundränder zur Vorbeugung von Pilzinfektionen mit Baumwachs aus dem Fachhandel verstreichen.

Tipps & Tricks für die Sommerpflege

Gießen, düngen und schneiden sind die Grundlagen der Zitruspflege. Mit ein paar zusätzlichen Maßnahmen können Sie jedoch dafür sorgen, dass Ihre Zitruspflanzen garantiert die Sommer-Stars im Garten oder auf Balkon und Terrasse werden.

Mulchen hält feucht

Zitruspflanzen, die in Töpfen kultiviert werden, kann man aufgrund ihrer dichten, schattierenden Kronen und reich verzweigten Wurzeln kaum unterpflanzen. Sommerblumen würden »zu ihren Füßen« unter Licht-, Wasser- und Platzmangel leiden. Weil die nackte Erde jedoch wenig dekorativ aussieht, decken Sie das Substrat in den Töpfen am besten mit einer Mulchschicht ab. Dazu eignen sich verschiedene Materialien. Wichtig ist, dass diese Stoffe langlebig sind – schließlich bleiben vor allem ältere Zitruspflanzen oft jahrelang im gleichen Topf.

› Sehr gut bewährt hat sich eine Mulchschicht aus kleinkugeligem Blähton (Hydrokultur) oder Seramis. Wer diese Tonderivate nicht zur Hand hat, kann auch mit Kies oder Splitt arbeiten. Sand eignet sich dagegen nicht, da er das Substrat zu luftdicht abschließt. Sie können auch nach Herzens Lust mit im Urlaub gesammelten Muschelschalen, leeren Schneckengehäusen oder anderen Naturstoffen experimentieren.

› Auch Rindenmulch ist zu empfehlen. Die Rinde sollte jedoch abgelagert sein, damit sie nicht zu viele Gerbstoffe in die Erde abgibt. Neben dem optischen Effekt hat das Mulchen weitere Vorteile: Die Erde im Topf bleibt in den Sommermonaten länger feucht, und Unkräuter werden unterdrückt.

Mulchen Sie aber nur, wenn Sie den Wasserbedarf Ihrer Zitruspflanzen gut einschätzen können: Wegen der Mulchschicht können Sie nicht erkennen, wie stark die Erde durchfeuchtet ist.

Auch Zitrus braucht mal Hitzeschutz

Zitruspflanzen lieben zwar direkte Sonne, aber wenn längere Zeit über 30 °C im Schatten herrschen, wird es selbst ihnen zu heiß. Passiert dies,

Eine Mulchschicht auf den Töpfen verhindert, dass Unkräuter keimen. Außerdem bleibt die Erde länger feucht, da die Verdunstungsrate sinkt.

schränken die Blätter die Fotosynthese ein und schalten auf »Sparmodus« um, um möglichst wenig Wasser zu verdunsten. Auch die Wurzeln nehmen kaum noch Wasser oder Dünger auf, wenn die Temperaturen zu hoch sind. In der Folge werden die Kronen mit den Blättern nicht mehr richtig versorgt. Zur Abhilfe vermeiden Sie direkt besonnte schwarze Töpfe – sie heizen sich besonders schnell auf. Auch eine Schattierung der Pflanzgefäße senkt die Temperaturen im Wurzelbereich. Rücken Sie zum Beispiel benachbarte Kübelpflanzen etwas näher, sodass sie die Gefäße der Zitruspflanzen beschatten. Auch größere helle Übertöpfe, in die man zum Beispiel schwarze Anzuchttöpfe stellt, sorgen für eine isolierende Luftschicht. Stehen Ihre Zitruspflanzen im Sommer auf einer Südterrasse, dürfen Sie Ihre Pflanzen mittags auch mit einem Sonnenschirm schützen. Diese Beschattung sollte sich jedoch auf die heißesten Stunden beschränken: Solange die Temperaturen moderat bleiben, möchten Zitruspflanzen so viel Sonnenlicht wie möglich genießen.

Bei großer Hitze ist Improvisation gefragt: Gut schattiert unter dem Schirm, verdunstet die Pflanze weniger Wasser, und die Wurzeln bleiben aktiv.

Windschutz muss sein

Zitruspflanzen haben nicht nur einen finanziellen, sondern häufig auch ideellen Wert: Manche sind vielleicht schon seit Jahrzehnten im Familienbesitz, andere waren ein besonderes Geschenk. Umso ärgerlicher ist es, wenn eine Zitruspflanze im Sommergewitter oder Herbststurm umfällt, dicke Äste abbrechen und der Topf zerbricht. Binden Sie standschwache Exemplare deshalb rechtzeitig am Balkongeländer oder mittels einer Schnur und einer Metallöse in der Hauswand fest. Im Rasen lassen sich Zitrustöpfe sehr gut mit langen Eisenstangen fixieren, die nach Art eines Zelt-Herings oben umgebogen sind und über den Topfrand gestülpt werden. In sehr große Übertöpfe können Sie Kies einfüllen, damit sie standfest sind.

Rettung im Tauchbad

Trotz aller Sorgfalt kann es passieren: Sie haben das Gießen vergessen, der Wurzelballen ist komplett ausgetrocknet. Bei kleineren Zitruspflanzen ist ein Tauchbad die Rettung. Stellen Sie die Töpfe für ca. 10 Min. in einen mit Wasser gefüllten Eimer. Sind die Pflanzen für die Kur im Wassereimer zu groß oder zu schwer, wässern Sie die Erde mehrfach im Abstand von wenigen Minuten, sodass sie das Wasser langsam aufnehmen und quellen kann. Für einige Stunden darf sogar überschüssiges Wasser im Untersetzer stehen bleiben. Ist die Erde wieder durchfeuchtet, gießt man das restliche Wasser ab. Wichtig: In der nächsten Zeit normal gießen – und nicht als »Wiedergutmachung« übertrieben viel!

Zitruspflanzen selbst vermehren

Hat Sie die Zitrusleidenschaft gepackt? Dann wird es Zeit, dass Sie Ihre Lieblingssorten selbst vermehren und mit anderen Sammlern Raritäten austauschen. Mit der richtigen Vermehrungstechnik gelingt es ganz leicht.

Unkompliziert: Aussäen

Beim Auspressen gekaufter Zitrusfrüchte – etwa Zitronen – können Sie meist reichlich Samen ernten. Reinigt man sie von anhaftendem Fruchtfleisch und sät sie sofort in frische Anzuchterde, keimen Zitrussamen bei Temperaturen um 20 °C schnell und sehr zuverlässig. Es können sogar mehrere Sprösslinge zugleich aus einem Samen sprießen. Der anfängliche Erfolg setzt sich jedoch leider nicht fort: Aus Samen gezogene Zitruspflanzen brauchen meist mehr als ein Jahrzehnt, um erstmals Blüten und Früchte zu tragen – und deren Qualität ist unvorhersehbar. Die Erntemenge kann klein sein oder die Früchte im Geschmack unzufriedenstellend ausfallen. Deshalb ist es im Grund nur sinnvoll, Zitrus aus Samen zu ziehen, die später als Veredelungsunterlagen dienen (siehe unten).

Für Tüftler: Veredeln

Zitrusfrüchte von vorhersehbarer und hoher Qualität sind Ihnen dagegen sicher, wenn Sie Ihren Zitrus-Nachwuchs veredeln. Dabei setzt man eine Edelsorte – zum Beispiel 'Digitata', 'Lunario' oder 'Moro' – auf den bewurzelten Stamm einer anderen Zitruspflanze auf. Diese wird als Unterlage bezeichnet. Sie liefert nur den unteren Stammbereich und die Wurzeln. Weil man dafür sehr ursprüngliche Zitruspflanzen wie die Dreiblättrige Orange *(Poncirus trifoliata)* verwendet, sind die Unterlagen sehr robust und unempfindlicher gegenüber Kälte, Nässe oder Krankheiten. Die Unterlagen sorgen also dafür, dass die veredelte Zitruspflanze gesund und langlebig ist. Weitere gängige als Unterlagen verwendete Arten sind die Bitterorange *(Citrus aurantium)* oder Volkamer's Zitrone *(C. volkameriana)*.

Kopulation Zu den leichter zu erlernenden Veredelungsmethoden für Zitruspflanzen zählt die Kopulation. Dabei wird ein kleiner Zweig der Edelsorte, Edelreis genannt, auf die Unterlage gesetzt. Dazu müssen das Edelreis und der Stamm der Unterlage die gleiche Dicke haben.

Wichtig Arbeiten Sie beim Veredeln grundsätzlich nur mit desinfizierten Messern, damit keine Krankheiten übertragen werden.

› Durchtrennen Sie zunächst den Stamm der Unterlage mit einem schrägen Schnitt von 4–5 cm Länge und schneiden Sie das Edelreis ebenfalls mit einer schrägen Schnittfläche von 4–5 cm Länge gegengleich zu.

› Nun legen Sie beide Elemente deckungsgleich übereinander, sodass die Rinde und die direkt darunterliegende Wachstumsschicht (Kambium) beider Teile genau aufeinandertreffen.

› Umwickeln Sie die Veredelungsstelle mit einem elastischen Veredelungsband.

Pfropfen Ist die Unterlage dicker als das Edelreis, wendet man die Technik des Pfropfens an.

› Schneiden Sie den Stamm der Unterlage waagerecht ab. Von der Schnittfläche aus ritzen Sie die Rinde mit einem 2–3 cm langen Schnitt nach unten ein und lösen die Rinde, sodass sich zwei dreieckige Laschen bilden.

Zitruspflanzen selbst vermehren

› Schneiden Sie das Edelreis mit einer 2–3 cm großen Schnittfläche schräg an, schieben Sie es hinter die beiden Rindenlaschen und fixieren Sie alles mit Veredelungsband.

Okulation Für die Methode der Okulation brauchen Sie viel Fingerspitzengefühl. Hierbei wird ein Auge (eine Blattknospe) in die Rinde der Unterlage eingesetzt bzw. unter die Rinde geschoben und mit Veredelungsband fixiert.

Bei allen Techniken muss das eingesetzte Pflanzenteil (Edelreis oder Auge) mit der Unterlage verwachsen. Gelingt dies, entwickelt sich das Edelreis oder Auge weiter, verzweigt sich und bildet mit den Jahren die Krone der neuen Zitruspflanze.

Ganz einfach: Stecklinge

Bei der dritten Methode, Zitruspflanzen selbst zu vermehren, wächst der Pflanzennachwuchs »auf der eigenen Wurzel«, die meist weniger robust ist als bei den bewährten Zitrusunterlagen. Aus Stecklingen vermehrte Zitruspflanzen erweisen sich deshalb oft als kurzlebiger. Sie werden im Fachhandel aber preiswerter angeboten, da ihre Anzucht weniger arbeitsaufwendig ist.

› Wer es selbst mit Stecklingen probieren möchte, erntet von der gewünschten Zitrussorte – der Mutterpflanze – gesunde, kräftige Zweigspitzen von 10–15 cm Länge – die Stecklinge. Sie sollten keine Blüten oder Früchte tragen.

› Lassen Sie bei jedem Steckling an der Spitze zwei bis drei Blätter stehen. Alle übrigen entfernen Sie, sodass ein »Stiel« entsteht.

› Diesen steckt man 5–7 cm tief senkrecht in kleine, mit Anzuchterde gefüllte Töpfe. Drücken Sie die Erde rund um den Steckling fest. Gießen Sie ihn an und halten Sie ihn bei ca. 20 °C ständig feucht. Nach sechs bis acht Wochen haben die Stecklinge Wurzeln gebildet und wachsen zu neuen Pflanzen heran.

1 AUSSAAT Die Samen von Zitrusfrüchten keimen zwar schnell und zuverlässig, tragen aber erst nach vielen Jahren Früchte unbekannter Qualität.

2 VEREDELN Mithilfe der Veredelung kommen Sie sehr viel schneller zu einer blüh- und fruchtfähigen Zitruspflanze, die in großer Zahl sortenechte Früchte von hoher Qualität trägt.

3 STECKLINGE Gesunde Zweigspitzen bilden bei feuchtwarmem Klima Wurzeln. Die Früchte dieser Pflanzen sind so gut wie die der Mutterpflanze.

Schädlinge – nein danke!

»Stress macht krank« – das gilt auch für Zitruspflanzen. Denn bei optimaler Pflege sind die pflanzeneigenen Abwehrkräfte so groß, dass Schädlinge kaum eine Chance haben. Erst wenn die Pflanzen durch Trockenheit, Hitze oder Nährstoffmangel geschwächt sind, können sich Schädlinge ausbreiten.

Kontrolle ist besser

Werden Ihre Zitruspflanzen doch einmal von Schädlingen befallen, ist eine schnelle Reaktion gefragt. Nehmen Sie sich deshalb wöchentlich ein paar Minuten Zeit, um Ihre Pflanzen zu kontrollieren. Je früher Sie einen Schädlingsbefall entdecken, umso rascher können Sie reagieren, und die Zitrusblätter tragen keinen sichtbaren Schaden davon. Außerdem müssen Sie dann oft nur geringe Mengen Pflanzenschutzmittel einsetzen. Warten Sie deshalb nicht tagelang, ob der Befall von allein zurückgeht – wegen der immensen Vermehrungsrate der Plagegeister ist das so gut wie ausgeschlossen.

Die meisten Schädlinge verstecken sich. Schauen Sie deshalb ein bis zwei Mal pro Woche nicht nur auf die Blattoberseiten. Schildläuse halten sich oft an den Adern auf den Blattunterseiten oder auf der Rinde auf, wo sie dank ihrer braunen Farbe kaum zu sehen sind. Spinnmilben wiederum sind so winzig, dass man sie oft nur mit der Lupe entdecken kann.

Wichtig: eine genaue Diagnose

Für eine erfolgreiche Bekämpfung ist es nicht nur notwendig, die Schädlinge rechtzeitig zu entdecken. Sie müssen sie auch richtig bestimmen. Denn Pflanzenschutzmittel helfen spezifisch gegen eine bestimmte Schädlingsgruppe, gegen andere dagegen nicht. Spinnmilben beispielsweise kann man nur mit sogenannten Akariziden, die gegen Spinnentiere wirken, bekämpfen. Mittel, die allgemein »gegen saugende Insekten« wirken, zeigen bei ihnen meist keinen langfristigen Erfolg.

Die häufigsten Schädlinge

Spinnmilben Die auch als Rote Spinne bezeichneten Tiere stechen die Blattzellen an, sodass die Blätter punktiert und hell bis silbrig aussehen. Bei starkem Befall bilden sie in den Blattachseln feine Netze. Verwenden Sie nur Pflanzenschutzmittel, die gegen diese Spinnentiere ausgewiesen sind.

Blattläuse Sie befallen vor allem die jungen Blätter an den Triebspitzen. Die Einstiche sind oft Eintrittspforten für Viren oder Pilze. Schneiden Sie befallene Triebspitzen ab und spülen Sie die Pflanze mit Wasser ab. Auch eine Spiritus-Schmierseifen-Lösung ist hilfreich (→ Info).

Schild-, Schmier- und Wollläuse Schild- und Schmierläuse verstecken sich unter verschiedenfar-

---

Bewährtes Hausmittel **ohne Gift**

Blattläuse kommen an Zitrus nur selten vor – und wenn, dann im Frühling an jungen Blättern. Schildläuse treten im Winter etwas häufiger auf. Beide können Sie mit folgender Mixtur behandeln: Lösen Sie 15 ml Schmierseife in 1 l Wasser auf und geben Sie 20 ml Brennspiritus zu. Sprühen Sie die Pflanzen zwei bis drei Mal im Abstand von fünf bis sieben Tagen damit tropfnass von allen Seiten ein.

1 Spinnmilben lassen die Blätter fahl und wie punktiert aussehen. Ohne Behandlung können sie binnen weniger Tage zu völliger Entlaubung führen.

2 Schildläuse sind typische Winterschädlinge. Die Schutzschilde der Tiere lassen sich mit einer alten Zahnbürste oder einem rauen Schwamm abreiben

3 Miniermotten hält man in Schach, indem man befallene Blätter vor dem Schlüpfen der Larve abschneidet. Im Restmüll, nicht im Kompost entsorgen!

4 Schnecken machen vor jungen Blättern nicht halt. Schneckenkorn wirkt auch bei Topfpflanzen, sollte aber häufig aufgefrischt werden.

bigen Schutzschilden, Wollläuse unter weißen, watteähnlichen Fäden. Bei starkem Befall bilden ihre Ausscheidungen einen klebrigen Belag auf den Blättern. Die Behandlung erfolgt zum Beispiel mit ölhaltigen Mitteln oder Spiritus-Schmierseifenlösung (→ Info).

Miniermotten Sie fressen Gänge in junge Blätter, die als gewundene Linien zu erkennen sind. Entfernen Sie befallene Blätter und bekämpfen Sie die Tiere mit einem Mittel aus dem Fachhandel.

Schnecken Unregelmäßige Löcher in den Blättern weisen auf Schneckenfraß hin. Wenn Sie die Tiere in der Abenddämmerung nicht absammeln wollen, können Sie Schneckenkorn auf die Topferde streuen.

Richtig behandeln

Beachten Sie bei der Anwendung von Pflanzenschutzmitteln folgende Hinweise:
› Wenden Sie Pflanzenschutzmittel nie bei strahlender Sonne an. Vor allem bei ölhaltigen Präparaten kann dies zu Blattschäden führen. Ideal ist eine Reihe von trüben Tagen. Ist dies nicht möglich, stellen Sie die Pflanzen zur Behandlung in den Schatten.
› Die Mittel sollten einige Stunden, besser ein bis drei Tage, einwirken und nicht sofort durch Regen oder Gießwasser abgewaschen werden.
› Dosieren Sie die Präparate exakt so, wie auf der Packung angegeben – nie höher! – und sprühen Sie die Pflanzen tropfnass ein. Kontaktmittel wirken nur, wenn sie die Schädlinge direkt benetzen.
› Überprüfen Sie den Erfolg der Behandlung in den Folgewochen, und wiederholen Sie, wenn nötig, die Behandlung, wie auf der Packung angegeben.
› Sogenannte systemische Mittel werden über die Wurzeln von der Pflanze aufgenommen und in alle Pflanzenteile transportiert. Sie gelangen auch in die Früchte. Wenden Sie solche Präparate nur bei Zitruspflanzen an, deren Früchte Sie nicht verzehren.
› Im Fachhandel gibt es heute viele Nützlinge, mit denen Sie Schädlinge giftfrei bekämpfen können.

Symptome erkennen – Pflegefehler vermeiden

Meist sind nicht Krankheiten, sondern ein falscher Standort oder Pflegefehler schuld, wenn Zitruspflanzen kümmern und nicht richtig wachsen wollen. Wenn Sie aber die Ansprüche Ihrer Pfleglinge kennen und Pflegefehler rasch erkennen, werden sich Ihre Zitruspflanzen prima entwickeln.

Was die Blätter sagen

Ein regelmäßiger Blick auf das Laub zeigt Ihnen rechtzeitig, ob Ihre Zitruspflanzen unter Pflegefehlern leiden. Wenn Sie wissen, was die verschiedenen Symptome bedeuten, können Sie gezielt für Abhilfe sorgen.

Die Blätter verfärben sich und fallen ab Im Sommer haben Zitruspflanzen einen sehr hohen Wasserbedarf, der an Sonnentagen nur durch tägliche und reiche Gießgaben gedeckt werden kann. Kommt man diesem »Durst« nicht nach, verfärben sich die Blätter, bei völligem Austrocknen fallen sie schließlich ab. Dies kann auch Tage später geschehen, wenn man in der Zwischenzeit gegossen hat. Anschließend sollten Sie die Pflanzen normal gießen. Wässern Sie aber nicht übertrieben viel: Hat die Pflanze viele Blätter eingebüßt, braucht sie in der Folgezeit auch weniger Wasser.

Die Blätter rollen sich ein oder hängen welk herab Der Grund dafür ist Trockenheit oder Staunässe, also falsches Gießen. Kontrollieren Sie möglichst rasch die Wurzeln, um die Ursache zu finden.
› Ist der Wurzelballen nass, riechen die Wurzeln faulig und sind obendrein dunkel verfärbt, ist Staunässe die Ursache. Lassen Sie in diesem Fall den Wurzelballen gut abtropfen und schneiden Sie die faulen Wurzeln sorgfältig zurück. Anschließend topfen Sie die Pflanze wieder in frisches Substrat und kleinere Töpfe ein.
› Ist der Wurzelballen ausgetrocknet, sind die Wurzeln weiß und fest. Pflegt man die Pflanzen fachgerecht, erholen sie sich ohne Umtopfen rasch.

Helle oder gelbe Blätter Hellgrün bis fahlgelb verfärbte Blätter können verschiedene Ursachen haben:
› Prüfen Sie als Erstes, ob Sie auf der Pflanze Schädlinge finden (→ Seite 24/25). Sind die Blätter zum Beispiel von Spinnmilben befallen, können sie sich hell verfärben.

Wenn **Blüten** oder **Früchte fehlen**

KEINE BLÜTE Wenn eine Zitruspflanze nicht blüht, kann dies mehrere Ursachen haben. Entweder sie wurde aus Samen gezogen und ist noch zu jung. Dann hilft nur warten. Oder die Pflanze leidet unter Lichtmangel durch falsche Überwinterung oder zu schattige Plätze im Sommer. Auch Überdüngung kann der Grund sein: Die Pflanze wächst dann zwar hervorragend, dies geht jedoch auf Kosten der Blütenbildung. Prüfen Sie Standort und Düngung und korrigieren Sie diese Faktoren.

FRÜCHTE FALLEN AB Manchmal bilden Zitruspflanzen Fruchtansätze, die rasch wieder abfallen. Bis zu einem gewissen Grad ist dies normal, da jede Pflanze nur eine begrenzte Anzahl Früchte ernähren kann. Fallen Fruchtansätze aber gleich im Dutzend ab, sind meist Dürre, Lichtmangel oder Kälte der Grund. Sorgen Sie durch einen besseren Standort für Abhilfe und gießen Sie regelmäßiger.

Zitruspflanzen werden oft als »heikel« abgestempelt, was sie nicht verdienen: Wer ihre Ansprüche kennt, wird mit herrlichen Blüten und Früchten belohnt. Ganz pflegeleicht sind sie aber nicht: Kümmern Sie sich täglich um Ihre Zitruspflanzen, wenn sie so schön bleiben sollen wie diese.

› Helle Blätter können auf Nährstoffmangel hinweisen. Sorgen Sie in diesem Fall für eine regelmäßige Nährstoffzufuhr mit hochwertigem Dünger. Seltener ist Eisenmangel die Ursache – in diesem Fall können Sie einen speziellen Blattdünger geben, den man in Wasser verdünnt über die Blätter sprüht.
› Messen Sie ab und zu den pH-Wert des Substrats. Spezielle Test-Sets oder Stäbchen gibt es im Fachhandel. Liegt der pH-Wert über 6,5, sind manche Nährstoffe schwerer verfügbar. Trotz reichlicher Düngergaben kann es zu Mangelsymptomen kommen. Topfen Sie die Pflanze in frische Erde um.

Braune Blattflecken Stellt man Zitruspflanzen aus dem Winterquartier direkt in die Sonne, zeigen die Blätter oft Verbrennungen in Form brauner, unregelmäßiger Flecken. Geben Sie den Pflanzen deshalb besser einen Platz im Halbschatten, damit sie sich langsam wieder an die Sonne gewöhnen können. Nach etwa zwei Wochen dürfen sie dann an ihren endgültigen Sommerplatz.

So kommt Zitrus fit durch den Winter

Der Winter ist für Zitruspflanzen eine kritische Zeit, denn sie vertragen – bis auf wenige Ausnahmen – keinen Frost. Im Winter brauchen sie deshalb unbedingt einen Platz im Haus. Und mit ein paar Tricks können Sie verhindern, dass die von Natur aus immergrünen Pflanzen in der dunklen Jahreszeit allzu viele Blätter verlieren.

Auch im Winter wichtig: Licht

Zitruspflanzen werden im Freiland in Gebieten mit tropischem und mediterranem Klima angebaut. In tropischen Regionen wachsen und fruchten sie ganzjährig. In mediterranen Gebieten legen sie dagegen eine Wachstumspause von mehreren Wochen oder Monaten ein. Diese Phasen werden durch extreme Hitze und Trockenheit oder Kälte ausgelöst. Ähnlich verhalten sie sich auch hierzulande. Je nachdem, ob Sie Ihren Zitruspflanzen ein warmes oder kühles Winterquartier bieten können, werden diese weiterwachsen oder eine Ruhephase einlegen. Als immergrüne Pflanzen brauchen sie in jedem Fall ausreichend Licht. Ist die Lichtausbeute zu gering, lassen sie Blätter fallen. Dies hilft den Pflanzen, mit ihren Energiereserven hauszuhalten.

› Sollen Ihre Zitruspflanzen voll belaubt durch den Winter kommen, müssen Sie ihnen deshalb einen sehr hellen Standort bieten. In unseren Breiten bekommen Zitruspflanzen im Winter nur ausreichend Licht, wenn sie direkt am Fenster hinter lichtdurchlässigen Glasscheiben stehen. Bereits 1 m vom Fenster entfernt, beträgt die Lichtausbeute nur noch 50 %, nach 3 m sind noch 12,5 % der Lichtmenge übrig. Gardinen oder Häuser können den Lichteinfall zusätzlich reduzieren.

› Weil die Lichtmenge nicht nur gering, sondern die Tage bei uns im Winter sehr kurz sind, kann man spezielle Pflanzenleuchten einsetzen, sodass die Pflanzen 12–14 Std. Licht pro Tag bekommen. Auch Energiesparlampen haben sich bewährt.

Die richtige Temperatur

Außer dem Licht entscheidet die Temperatur, ob Zitruspflanzen im Winter wachsen oder pausieren.

Die Helligkeit im Wintergarten ermöglicht Zitruspflanzen eine positive Energiebilanz: sie wachsen!

Überwinterung mit Ruhephase Wenn Sie Ihre Zitruspflanzen an einen hellen, aber kühlen Platz stellen, wachsen sie nicht mehr weiter und schonen ihre Reserven. Werden sie – entsprechend ihrer geringen Aktivität – weniger gegossen und gedüngt, behalten sie fast alle Blätter, auch wenn die im Winterquartier verfügbare Lichtmenge sehr viel geringer ist als im Sommer. Robusteren Arten genügen 3–5 °C, wärmebedürftigere wie Limetten oder Zitronatzitronen bevorzugen Temperaturen um 10 °C. Wichtig ist, dass die Pflanzen auch im Wurzelbereich über 10 °C warm stehen – Aufschluss gibt ein Bodenthermometer.

Überwinterung ohne Ruhephase Können Sie Ihren Pfleglingen einen sehr hellen Platz bieten, an dem die Temperatur über etwa 10 °C liegt, wachsen die Zitruspflanzen auch im Winter weiter.

Zitruspflanzen auf der Fensterbank sollten nicht durch Gardinen oder Jalousien beschattet werden. Je kühler der Raum ist, umso besser für Ihre Zitrus.

Welche Räume eignen sich?

Die Lösung bei der Überwinterung von Zitruspflanzen besteht also darin, ein ausgewogenes Verhältnis zwischen der Lichtmenge und der Temperatur im Winterquartier zu finden. Je wärmer der Standort ist, umso heller muss er sein, und je kühler der Winterplatz ist, umso lichtärmer darf er sein.

› Ein Wintergarten mit Einfach- oder Wärmeschutzglas zeichnet sich auch im Winter durch eine relativ hohe Lichtausbeute aus. Hier darf man die Durchschnittstemperatur ruhig bei 10–15 °C ansetzen.

› Auch Wintergärten mit Fußbodenheizung können als Winterquartier dienen: Sie halten die Wurzeln warm und die Pflanzen aktiv. Beachten Sie jedoch unbedingt, dass der Wasserbedarf der Pflanzen in solchen Wintergärten höher ist als in Räumen mit einem kalten Steinfußboden. Sorgen Sie deshalb dafür, dass die Erde von Zitruspflanzen, die über Fußbodenheizungen stehen, nicht austrocknet.

› Ein Platz an einem normalen Fenster ist meistens sehr lichtarm. Hier sollten die Temperaturen so niedrig wie möglich sein, um die Pflanzen in die Ruhephase zu versetzen und Laubfall zu verhindern. Stehen die Pflanzen zu warm und dunkel, kommt es zum Blattaustausch – die Pflanzen werfen Blätter ab, treiben aber im Frühjahr wieder aus.

› Dachböden mit großen Fenstern, Treppenaufgänge, Windfänge oder nur sporadisch geheizte Werk- oder Waschräume kommen als Winterquartier ebenso infrage, wenn Lichtverhältnisse und Temperatur stimmen.

› Wer viele Zitruspflanzen besitzt, aber im Haus zu wenig Platz hat, kann die Pflanzen im Winter auch in Kleingewächshäusern, Folienhäusern oder Garten- und Gerätehäuschen ausquartieren. Mobile gas- oder strombetriebene Heizgeräte sorgen hier für Temperaturen von 3–5 °C.

Pflegetipps für die kalte Jahreszeit

Auch im Winterquartier brauchen Zitruspflanzen ein gewisses Maß an Pflege. Statten Sie Ihren Pflanzen also auch jetzt regelmäßig einen kurzen Besuch ab, damit sie gut durch den Winter kommen.

Rechtzeitig ins Haus

Eine gelungene Winterruhe beginnt mit dem rechtzeitigen Einräumen der Pflanzen. Bis auf die Dreiblättrige Orange und einige ihrer Kreuzungen und Züchtungen verträgt keine Zitruspflanze dauerhafte Minustemperaturen. Robuste Arten wie Kumquat, Satsuma oder Bitterorangen können zwar kurzfristig leichten Frost ohne Schaden überstehen, doch dies ist ein gefährliches Spiel: Wird der kritische Punkt unterschritten, können sie eingehen. Da Zitruspflanzen oft sehr alt und wertvoll sind, sollten Sie jedes Risiko vermeiden.

› Das Einräumen beginnt im Herbst ab Oktober, wenn die Temperaturen regelmäßig auf den für die jeweilige Sorte kritischen Wert sinken. Ist es draußen sehr windig und nass, sollten Sie die Pflanzen schon früher ins Haus holen.

› Seien Sie aber auch nicht zu ängstlich und räumen Sie Ihre Zitruspflanzen nicht schon im September ins Haus. Jeder Tag, den sie im Freien stehen, stärkt ihre Abwehrkräfte. Meist reicht es, die Pflanzen erst ab Mitte Oktober einzuräumen.

› In milden Regionen können Zitrus auch bis Anfang November draußen bleiben. Räumen Sie die Pflanzen aber nicht öfter ein und wieder aus: Häufige Ortswechsel bedeuten für die Pflanzen Stress.

Was sonst noch wichtig ist

Platzbedarf Stellen Sie Ihre Zitruspflanzen im Winterquartier nicht dicht an dicht. Zu eng gestellte Zitruspflanzen beschatten sich gegenseitig, es kommt zu Lichtmangel an den Kronenseiten. Zudem haben Schädlinge ein leichteres Spiel, sich auszubreiten, wenn sich die Kronen berühren.

Lufttemperatur messen Temperaturkontrolle ist im Winterquartier oberste Pflicht. Es reicht jedoch

Mit einem Thermometer, dessen Spitze Sie in die Erde stecken, können Sie prüfen, ob auch die Temperatur im Wurzelbereich stimmt.

Pflegetipps für die kalte Jahreszeit

Gießen Sie im Winter nicht zu viel, sondern erst, wenn die Erde gut abgetrocknet ist. Das Gießwasser sollte zwischen 15 und 20 °C temperiert sein.

Der Drehtest zeigt, ob eine Zitrusfrucht erntereif ist. Löst sie sich bei sanfter Drehung vom Stiel, ist der Zeitpunkt da, sonst geduldet man sich.

nicht, die Temperatur nur an einer Stelle zu messen. Schließlich gibt es in den meisten Räumen Zonen, in denen sich kalte Luft sammelt, etwa in Ecken oder direkt an den Scheiben. Schaffen Sie sich am besten mehrere Thermometer an und verteilen Sie sie im Winterquartier. Achten Sie darauf, dass sensible Pflanzen nicht in Kältezonen stehen. Ein Luftgebläse oder Ventilator sorgt dafür, dass die Luft umgewälzt und die Temperatur im Raum gleichmäßiger ist.

Bodentemperatur kontrollieren Noch wichtiger für eine erfolgreiche Überwinterung ist die Temperatur der Erde. Stecken Sie zur Kontrolle Bodenthermometer in die Zitrustöpfe. Vor allem auf ungeheizten Steinfußböden kann sich die Erde stark abkühlen, obwohl die Lufttemperatur ausreichend ist. Abhilfe schaffen Styroporplatten, die man unter die Töpfe schiebt. Oder Sie stellen kleinere Zitruspflanzen auf Tische, Hocker oder untergelegte Tonfüße. Schon eine Luftschicht unter den Gefäßen ist eine wirksame Isolierung.

Luftfeuchtigkeit erhöhen Sorgen Sie auch im Winterquartier für genug Luftfeuchte. Stehen die Pflanzen relativ warm, können Sie mit Verdunstungsschalen oder durch Besprühen die Luftfeuchtigkeit erhöhen. Plätze direkt vor Heizkörpern sind tabu: Hier werden die Pflanzen sehr anfällig für Schädlinge.

Düngen Stellen Sie das Düngen im Winterquartier nicht abrupt ein. Zitruspflanzen stoppen ihr Wachstum – je nach Standort – nicht gleich im September. In Wintergärten können sie bis weit in den Winter wachsen und brauchen kontinuierlich Nährstoffe.

Hygiene Entfernen Sie abgefallene Zitrusblätter rasch. Sind sie von Schädlingen befallen, können sich diese sonst schnell ausbreiten.

Fruchtreife testen Orangen- und Mandarinenfrüchte reifen in Wintergärten oft in den Wintermonaten aus, Zitronen ohnehin ganzjährig. Prüfen Sie regelmäßig, ob voll ausgefärbte Früchte erntereif sind. Dazu drehen Sie eine Frucht vorsichtig am Stiel. Lässt sie sich nicht durch leichtes Drehen lösen, ist sie noch nicht reif und sollte noch hängen bleiben.

Pflanzen-Porträts

Hunderte von Zitrussorten werden weltweit angebaut. Für Hobby-Zitrusgärtner sind jedoch besonders dekorative Sorten interessant. Deshalb ist die Auswahl kleiner, aber mannigfaltig genug, um für jeden Geschmack und Wunsch das Passende zu finden.

Alle Zitruspflanzen haben gleiche Wünsche

Ob Sie eine dekorative Kübelpflanze für die Terrasse suchen, reife Früchte vom Baum naschen möchten oder Saft und Schale mit ihrem frisch-herben Aroma für die Küche nutzen wollen – das Sortiment bietet heute für jeden die richtige Zitruspflanze.

Pflanzen ohne Extrawünsche

Angesichts der großen Sortenvielfalt erwarten viele Pflanzenliebhaber, dass es große Unterschiede in der Pflege der Zitruspflanzen gibt. Die gute Nachricht: Das ist nicht richtig. Die Grundregeln der Zitruspflege gelten für alle Zitrusarten und -sorten. Abweichungen in den Ansprüchen sind minimal.

Sonne Alle Zitruspflanzen wünschen einen möglichst lichtreichen, sonnigen Platz, aber keine Hitze im Wurzelbereich.

Temperatur Mit Ausnahme der Dreiblättrigen Orange (→ Seite 46) vertragen Zitruspflanzen keinen Frost, auch wenn einzelne dies kurz- bis mittelfristig überleben können. Die Überwinterungstipps in den folgenden Porträts haben das Ziel, dass die Zitruspflanzen ihr Laub auch im Winter behalten. Sie sollten deshalb hell und kühl stehen.

Düngen Alle Zitruspflanzen wachsen kräftig und haben deshalb einen enormen »Appetit« – sie brauchen einen steten, hohen Nachschub an Nährstoffen (→ Seite 16). Das gilt für kleinwüchsige Sorten ebenso wie für großwüchsige. An der Häufigkeit und Dosierung von Flüssigdüngergaben ändert die Pflanzengröße nichts, nur an der Menge der verabreichten Düngelösung: Sie soll einer normalen Gießgabe entsprechen. Langzeitdünger bemessen sich nach der Topfgröße in Gramm pro Liter Erde.

Gießen Für alle Zitruspflanzen gilt sortenunabhängig: Ihre Wurzeln dürfen weder wiederholt völlig austrocknen noch tagelang nass stehen.

PFLANZEN-PORTRÄTS

Citrus limon
Zitrone

WUCHS sehr stark | **BLÜTEZEIT** ganzjährig möglich | **FRUCHTREIFE** ganzjährig möglich

Zitronenbäumchen zählen zu den meistgekauften Zitrusarten, da ihre Früchte ihr volles Aroma erreichen, egal wie sonnig oder verregnet der Sommer ist: Denn je saurer sie schmecken, umso besser!
Blüte Die Knospen sind außen violett bis rosa gefärbt, die weißen Blüten duften intensiv und süß.
Früchte Je nach Sorte können die Früchte sehr unterschiedlich geformt sein. Manche sind lang gezogen und bilden einen »Hals«, andere sind rundlich oder gebogen. Eines ist jedoch allen gemeinsam: der kurze »Zipfel« am Fruchtende.

Pflege Da Zitronen zügig wachsen, brauchen Sie eine strenge Hand beim Schnitt. Nur ein konsequenter, zwei- bis dreimaliger Rückschnitt pro Jahr sorgt dafür, dass sie sich gut verzweigen und dauerhaft dichte Kronen bilden. Lassen Sie Zitronen nicht austrocknen. Sie verlieren dann ihr Laub, und die Kronen werden von innen und unten her kahl.
Überwinterung Zitronen sind robust und können bei Temperaturen um 3 °C überwintern.
Sorten 'Lunario' wird hierzulande mit dem schönen Namen 'Vier-Jahreszeiten-Zitrone' übersetzt. Allerdings blühen und fruchten alle Zitronen ganzjährig, nicht nur diese eine Sorte. So auch 'Femminello', die rundlichere, sattgelb gefärbte Früchte mit milderem Aroma ausbildet. 'Canaliculata' begeistert Sammler mit gefurchtschaligen, hellgelben Früchten, 'Foliis Variegatis' ist mit gelb-weiß-grün gemusterten Blättern und anfänglich gestreiften Früchten besonders dekorativ.

> ### Lässt sich die **Blütezeit** steuern?
>
> Zitruspflanzen in Töpfen blühen nicht jedes Jahr zur gleichen Zeit, da der Blühbeginn von vielen Faktoren abhängt, zum Beispiel von der Länge der Überwinterung sowie einer guten oder schlechten Versorgung mit Dünger und Wasser. Deshalb können die meisten Zitrusarten zu sehr unterschiedlichen Terminen blühen. Kernblütezeit ist jedoch von März bis September. Sie blühen aber immer erst dann, wenn bereits vorhandene Früchte abgeerntet sind. Eine Ausnahme machen Zitronen: Sie blühen und fruchten ganzjährig. Der kleine Nachteil: Der Flor ist, weil er übers Jahr verteilt ist, bei Zitronen nicht so üppig wie bei anderen Arten.

Zitronen & Limetten

Citrus x *meyeri*
Meyer's Zitrone

WUCHS mittelstark | **BLÜTEZEIT** ganzjährig möglich | **FRUCHTREIFE** ganzjährig möglich

Bei Meyer's Zitrone handelt es sich vermutlich um eine Kreuzung aus Orange und Zitrone. Hinsichtlich der Blüten und Früchte überwiegt jedoch deutlich der Einfluss der Zitrone: Beide werden während der gesamten Wachstumszeit gebildet.
Blüte Durch ihren rotvioletten Überzug sind die Blüten sehr attraktiv, ihr Duft ist süßlich und kräftig.
Früchte Die Form der Früchte ist runder als etwa bei 'Lunario', die dünne, orangefarbene Schale zeigt deutlicher den Einfluss des Orangen-Elternteils. Der Saftgehalt ist sehr hoch, das Aroma mild, weshalb Meyer's Zitronen gerne in der gehobenen Gastromie als feine Würze Verwendung finden.
Pflege Meyer's Zitronen wachsen deutlich schwächer als gewöhnliche Zitronen. Ein regelmäßiger Schnitt fördert aber auch bei ihnen die Verzweigung.
Überwinterung Die Sorte überwintert gern bei 5–12 °C, aber auch knapp über 0 °C sind möglich.

Citrus limon (syn. *limonimedica*) 'Rosso'
Rote Zitrone

WUCHS mittelstark | **BLÜTEZEIT** Frühling und Sommer | **FRUCHTREIFE** Sommer und Winter

Die Rote Zitrone, zuweilen auch »Glühwein-Zitrone« genannt, zählt zu den aktuellen Trendsettern unter den Zitruspflanzen. Ihre dicken Schalen, die die Einkreuzung einer Zitronatzitrone (→ Seite 56) vermuten lassen, bekommen bei intensiver Besonnung rote »Wangen« oder färben sich sogar auf der ganzen Oberfläche rot aus.
Blüte Die mittelgroßen Blütenknospen sind leicht rötlich überzogen. Die Blütezeit fällt im Kern in die Frühlings- und Spätsommerwochen, kann aber auch dazwischen erfolgen.
Früchte Die dicken Schalen eignen sich zum Reiben oder Kandieren, der Saft ist sauer und ergiebig.
Pflege Rote Zitronen wachsen erstaunlich kompakt und dicht. Zur Korrektur der Krone ist nur ein gelegentlicher Schnitt nötig.
Überwinterung Etwas wärmer als andere Zitronen mit durchschnittlich über 8 °C.

 direkt vom Baum essbare Früchte   Saft/Schale in der Küche nutzbar   wenige Dornen   kräftige Dornen

Früchte Saure Limetten sind klein und reifen sehr schnell. Schon drei Monate nach der Blüte können Sie die ersten Früchte ernten und Saft und Schale nutzen. Zur Vollreife verfärben sich Saure Limetten hierzulande gelb. Damit die Schale wie bei Früchten aus den Tropen grün bleibt, sind gleichbleibende Temperaturen ohne nächtliche Abkühlung nötig.

Pflege Saure Limetten wachsen von Natur aus kompakt und langsam. Ihre Endgröße beträgt kaum mehr als Brusthöhe. Deshalb sind jährlich nur gelegentliche Kronenkorrekturen mit der Schere nötig.

Überwinterung Ihre tropische Herkunft bedingt, dass Saure Limetten wärmer überwintern sollten als etwa Zitronen oder Orangen. Ein Platz über 8 °C ist ratsam. Bei kühleren Temperaturen kann es zu erheblichen Blattverlusten kommen, die zwar im Frühjahr ausgeglichen werden, doch die Erholungsphase ist langwierig und verschiebt die Blüte.

Citrus aurantiifolia
Saure Limette

WUCHS langsam | **BLÜTEZEIT** Frühling/Sommer
FRUCHTREIFE Sommer/Herbst

Der Saft Saurer Limetten – auch »Mexikanische Limetten« oder »West Indian Lime« genannt – ist zum Mischen von Drinks wie etwa Daiquiri beliebt. In der asiatischen Küche schätzt man ihn als Speise-Zutat.

Blüte Die Pflanzen haben kleine, dafür aber zahlreiche Blüten. Die Blütezeit fällt bei uns meist in die Frühlingsmonate April oder Mai und dauert drei bis vier Wochen. Je nach Konstitution der Pflanze kann sich der Flor aber ebenso gut in den Sommer verschieben. Nachblüten im Herbst sind nicht selten. Das Aroma der Blüten ist süßlich und erfrischend.

Welche **Zitrusarten** tragen **Dornen**?

Viele Zitrusarten sind mit Dornen in den Blattachseln bewehrt, Größe und Anzahl sind jedoch sehr unterschiedlich. Saure Limetten zum Beispiel schützen sich mit kurzen, aber sehr harten und zahlreichen Stacheln. Die Dornen von Zitronen (→ Seite 34) sind länger, aber bei heutigen Züchtungen eher vereinzelt. Noch weniger Dornen haben Sie bei Orangen und Mandarinen zu fürchten: Hier treten Dornen meist nur sporadisch auf. Nahezu dornenlos sind Pampelmuse (→ Seite 55) und Grapefruit (→ Seite 54), ebenso Kumquat (→ Seite 52). Mit extrem langen, sehr harten Dornen setzen sich dagegen die Dreiblättrige Orange (→ Seite 46) und Bitterorange (→ Seite 44) zur Wehr.

Zitronen & Limetten

Citrus hystrix
Kaffir-Limette

WUCHS mäßig | **BLÜTEZEIT** Frühling/Sommer
FRUCHTREIFE Spätsommer/Sommer

Unverwechselbar machen diese Limetten, auch Thai- und Makrut-Limette oder Combava genannt, ihre Blattflügel. Sie sind so groß, dass sie gemeinsam mit der eigentlichen Blattspreite wie »Doppel-Blätter« aussehen. Die Blätter enthalten reichlich ätherisches Öl und werden wie die geriebene Fruchtschale in der asiatischen Küche eingesetzt.
Blüte Die kleinen weißen Blüten duften und sitzen in Büscheln zusammen. Die rund dreiwöchige Blüte fällt in den April oder Mai, verschiebt sich aber, wenn die Pflanzen spät aus der Winterruhe erwachen.
Früchte Auffällig ist die gerunzelte Schale, die in unserem Klima gelb ausreift. Der Saftgehalt ist mäßig, das Aroma aber würzig und intensiv.
Pflege Kaffir-Limetten wachsen von Natur aus recht licht, daran ändert auch ein Schnitt wenig.
Überwinterung Kaffir-Limetten brauchen Wärme: Die Temperatur sollte im Mittel bei über 8 °C liegen.

Citrus limonia
Mandarinen-Limette

WUCHS mäßig | **BLÜTEZEIT** Frühling/Sommer
FRUCHTREIFE Spätsommer/Winter

Mandarinen-Limetten sind bisher wenig verbreitet, obwohl sie wirklich alle Qualitäten für eine erstklassige Ziersorte mitbringen: Sie wachsen von Natur aus klein und gut verzweigt. Ihr Fruchtansatz ist dank der orangen Schalenfärbung ebenso dekorativ wie weithin auffällig, reich und keinen Schwankungen unterworfen.
Blüte Ein neuer Blütensatz bildet sich erst, wenn alle vorherigen Früchte abgeerntet sind. Die klassische Blütezeit fällt in den Mai, doch auch ein Sommerflor ist möglich. Die Blüten sind klein, ihr Duft in der Summe intensiv und lieblich in der Note.
Früchte Die Fruchtsegmente schmecken zunächst süß wie Mandarinen, dann sauer und zum Schluss bitter – ein außergewöhnlicher Dreiklang.
Pflege Große Kronenkorrekturen sind selten nötig.
Überwinterung 5 °C sind als Durchschnittstemperatur im Winter das untere Limit.

 direkt vom Baum essbare Früchte Saft/Schale in der Küche nutzbar wenige Dornen kräftige Dornen

PFLANZEN-PORTRÄTS

Citrus limetta
Süße Limette

WUCHS mäßig bis mittelstark | **BLÜTEZEIT** Frühling/Sommer | **FRUCHTREIFE** Herbst/Winter

Trotz des Namens sind diese Limetten nicht wirklich »süß«, sondern vielmehr nur milder im Geschmack, da ihr Saft weniger Säure enthält.
Blüte Der Flor ist größer als bei anderen Limetten, aber ebenso weiß. Bei idealer Überwinterung blühen sie im Frühjahr.
Früchte Die gedrungen-ovale, mandarinenartige Form der Früchte ist unverwechselbar, da sich an der Basis eine ringförmige vertiefte Einschnürung bildet. Die Schalen reifen hell- bis dunkelgelb aus und finden gerieben in der Küche Verwendung.
Pflege Süße Limetten lassen ihre Zweige lieber in die Länge wachsen, als sich zu verzweigen. Zwei- bis dreimaliges Einkürzen der Triebspitzen pro Jahr fördert deshalb eine kompaktere Kronenbildung.
Überwinterung Zwar reichen 3–5 °C zum Überleben. Um Wurzelprobleme zu vermeiden, sind aber als Untergrenze 8 °C nötig.

Citrus limetta 'Pursha'
'Pursha'-Limette

WUCHS mäßig | **BLÜTEZEIT** Frühling/Sommer
FRUCHTREIFE Spätsommer/Herbst

Wer keine Calamondin-Orange (→ Seite 51) haben möchte – oder bereits eine besitzt –, sondern eine vergleichbar reich fruchtende, attraktive Ziersorte, ist mit dieser Zuchtform der Süßen Limette richtig beraten. Sie schießt nicht in die Höhe und verzweigt sich auch ohne Schnitt so gut, dass die Kronen zeit ihres Lebens meist schön dicht bleiben.
Blüte Der Flor öffnet sich nicht konzentriert, sondern meist verteilt zwischen April und August. Das Blütenparfüm ist intensiv und süßlich.
Früchte Ihre abgeflachte Form erinnert an Mandarinen, die Schalen sind jedoch im Grundton gelb. 'Pursha'-Früchte bleiben sehr lange frisch und haften auch nach der Vollreife wochenlang an den Zweigen. Der Saft dient in der Küche zum Abschmecken von Soßen und Desserts.
Pflege Ein Schnitt ist nur gelegentlich nötig.
Überwinterung Temperaturen ab 5 °C genügen.

Balkon & Terrasse   Wintergarten   Zimmerhaltung   pflegeleicht

Zitronen & Limetten

Citrus aurantiifolia x *Fortunella*
Limequat

WUCHS langsam bis mäßig | **BLÜTEZEIT** Frühling/Sommer | **FRUCHTREIFE** Sommer/Herbst

Diese Kreuzung aus Süßer Limette (→ links) und Kumquat (→ Seite 52) zählt zu den kleinwüchsigen und besonders dekorativen Sorten, da ihre gelbschaligen, ovalen Früchte klein, aber zahlreich sind, schnell reifen und lange an den Zweigen hängen.
Blüte Die weißen Blüten öffnen sich in Gruppen während eines Zeitraums von ca. drei Wochen im Frühling. Nachblüten im (Spät-)Sommer sind häufig.
Früchte Obwohl sie in erster Linie dekorativ sind, kann man den sauren Fruchtsaft für Getränke oder als Speisewürze verwenden.
Schnitt Je länger die Zweige werden, umso stärker neigen sie sich über und machen den inneren Blättern das Licht streitig. Um diesen »Trauerwuchs« und ein Verkahlen zu vermeiden, kürzt man die Zweige mindestens zwei Mal pro Jahr im März und Juli ein.
Überwinterung Ab 8 °C besteht keine »Erkältungsgefahr«.

Eremocitrus glauca
Wüstenlimette

WUCHS langsam | **BLÜTEZEIT** Sommer
FRUCHTREIFE Herbst/Winter

Auf den ersten Blick würde man diese Wildform kaum zu den Zitruspflanzen rechnen: Ihre Blätter sind schmal und gräulich, das Geäst fein, die Krone licht und locker. Tatsächlich liegen ihre Wurzeln nicht in Südostasien oder Ostasien, wie die der meisten anderen Zitruspflanzen, sondern in Australien.
Blüte Die weißen Blüten sind klein und bleiben oft zwischen den Zweigen verborgen. Sie erscheinen bevorzugt in den Sommermonaten.
Früchte Die runden bis länglich-ovalen, grünschaligen Früchte reifen in zwei bis drei Monaten aus.
Pflege Da das Wachstum sehr langsam ist, kommt die Schere nur selten zum Einsatz. Der Wasser- und Nährstoffbedarf ist sehr gering.
Überwinterung Wüstenlimetten wird eine Frosttoleranz bis −5 °C zugeschrieben. Zugleich sind sie jedoch sehr nässeempfindlich, sodass man sie in jedem Fall kontrolliert im Haus überwintert.

 direkt vom Baum essbare Früchte   Saft/Schale in der Küche nutzbar   wenige Dornen   kräftige Dornen

PFLANZEN-PORTRÄTS

Citrus sinensis
Orangen, Apfelsinen

WUCHS stark | **BLÜTEZEIT** Frühsommer/Sommer | **FRUCHTREIFE** Winter

Orangenbäumchen sind nach ihrem Wuchs in der Mitte zwischen Zitronen (→ Seite 34) und Mandarinen (→ Seite 48) einzuordnen: Sie wachsen dichter als Zitronen, aber nicht so kompakt wie Mandarinen. Sie bilden gleichmäßig aufgebaute und zugleich lichtdurchlässige Kronen, die von innen nicht verkahlen. Orangenblätter sind nur wenig kleiner als Zitronenlaub, aber deutlich breiter als die der Mandarinen. Optimal mit Nährstoffen versorgte Orangenbäume haben satt dunkelgrünes Laub, das reich an ätherischen Ölen ist. Die Bedornung ist schwach: Nur vereinzelt finden sich kurze Dornen in den Blattachseln. Orangen sind von kleinen Bäumchen bis hin zu Exemplaren mit beindicken Stämmen erhältlich. Letztere stammen aus gerodeten Plantagen. Nach dem Ausgraben der Wurzeln mit schwerem Gerät werden die Zweige radikal zurückgeschnitten. Frisch eingetopft, treiben diese Orangenbäume aus den verbliebenen Astbereichen neue Zweige und formen – wenn man sie regelmäßig schneidet – innerhalb von drei bis fünf Jahren neue, attraktive Kronen.

Blüte Orangen zählen zu denjenigen Zitruspflanzen, die ihre Blüte nicht über die gesamte Wachstumszeit verteilen: Sie setzen alles auf eine Karte und blühen während eines Zeitraums von rund drei Wochen überreich. Entsprechend betörend sind die Duftwolken, in die sich ein weiß blühendes Orangenbäumchen hüllt.

SÜSSE FRÜCHTE 'Valencia'-Orangen verwöhnen mit zuckersüßem Saft und Fruchtfleisch (→ links).

AROMENREICH Die Sorte 'Washington Navel' trägt den typischen »Nabel«. 'Vainiglia' schmeckt mild und duftet köstlich nach Vanille.

Früchte Apfelsinen reifen auch hierzulande mit einem sehr hohen Zuckergehalt aus, sodass ihr Geschmack dem gekaufter Orangen kaum nachsteht. Unterschiede bestehen in der Schälbarkeit: Bei Blond-Orangen wie der Sorte 'Valencia' löst sich die Schale schwerer von den Fruchtsegmenten, dafür ist ihr Saftgehalt sehr hoch und wird als frisch gepresster Orangensaft geschätzt. Navel-Orangen, auch Nabel-Orangen genannt, wie 'Washington Navel', 'Thompson Navel' oder 'Navelina', sind leichter zu schälen und deshalb ideale Sorten, um sie vom Baum weg zu naschen. Die Ernte fällt klassischerweise in die Winter- bis Spätwintermonate.

Pflege Die Triebe der Orangenbäume legen im Jahr durchschnittlich 40–80 cm Länge zu. Zweige, die die runde Kronenform stören, kürzt man möglichst bald ein. Dadurch steckt die Pflanze ihre Energie weniger in das Wachstum, sondern in die Entwicklung der Früchte. Da Apfelsinenfrüchte 10 cm Durchmesser und mehr erreichen können, ist eine Einzelpflanze im Topf nicht in der Lage, große Mengen Früchte zu ernähren. Im Durchschnitt sollte eine Frucht pro Hauptast heranreifen. Was darüber hinausgeht, werfen die Bäumchen meist von alleine ab. Diesen Fruchtfall nennt man »natürliche Ausdünnung«. Der Effekt: Es reifen weniger Orangen heran, diese entwickeln sich dafür aber zu voller Größe und mit vollem Aroma.

Überwinterung Apfelsinen zählen zu den robusteren Zitruspflanzen. Temperaturen knapp über dem Gefrierpunkt genügen ihnen, optimal sind alle Werte ab 3 °C. Angesetzte Früchte reifen sogar am unteren Temperaturlimit weiter, solange die Lichtmenge für ihre Ernährung ausreicht. Bei Lichtmangel oder anderen Mangelerscheinungen stagniert die Fruchtentwicklung. Die Früchte fallen aber nicht ab, sondern reifen weiter, sobald die Bedingungen wieder förderlich sind.

Sorten Weniger bekannt als die bereits genannten Sorten 'Valencia' oder 'Washington Navel', aber geschmacklich ein Erlebnis ist 'Vainiglia'. Ihr Fruchtfleisch ist säurearm, weshalb sie auch als Süß-Orange bezeichnet wird. Der Vanilleduft der Schalen überträgt sich zu Teilen aufs Innere, was Vainiglia-Früchten einen herrlich individuellen Geschmack verleiht. 'Ovale Calabrese' ist in ihren Anbaugebieten eine spät reifende Sorte, die erst im Frühjahr auf den Markt kommt (→ Kasten). Die hier vorgestellten Apfelsinensorten enthalten in der Regel wenige Kerne, sind aber nicht kernlos.

Sind bestimmte Sorten **früher reif?**

In Ländern, in denen Orangen kommerziell in Plantagen angebaut werden, ist die Reifezeit einer Sorte entscheidend für ihren Marktwert. Deshalb existiert eine Reihe von Orangensorten, die sich weniger in der Fruchtqualität als vielmehr im Reifezeitpunkt unterscheiden. Kultiviert man Orangen jedoch hierzulande als Zierpflanzen in Töpfen, beeinflussen die Pflegefaktoren den Fruchtansatz und die Fruchtentwicklung so stark, dass sortenspezifische Unterschiede wie die späte Reife von 'Ovale Calabrese' oder die frühe Ernte von 'Diller' kaum zum Tragen kommen.

---

direkt vom Baum essbare Früchte   Saft/Schale in der Küche nutzbar   wenige Dornen   kräftige Dornen

PFLANZEN-PORTRÄTS

Blüte Wie ihre Verwandten blühen auch rotfleischige und rotschalige Vollblut-Orangen wie 'Sanguinello' für drei bis vier Wochen. Da Zitrusblüten nicht auf den Pollen einer zweiten Pflanze angewiesen sind, genügt eine Pflanze, um ernten zu können.

Früchte Würden sich alle Blüten in Fruchtansätze verwandeln, wären die Pflanzen überlastet. Deshalb werfen sie bald zahlreiche Fruchtansätze ab. Falls trotzdem noch mehrere Früchte in einem Büschel heranreifen, sollten Sie überzählige Ansätze bis auf eine Frucht entfernen. In der Folge reift diese vollständig aus. Bleiben zu viele stehen, büßen sie oft an Größe und Qualität ein. Die Früchte isst man direkt vom Baum oder verwendet den Saft.

Pflege Je konsequenter Sie zu lang geratene Zweige immer wieder einkürzen, umso kompakter, runder und formschöner bleiben die Kronen.

Überwinterung Je nach Lichtmenge sind Temperaturen ab 3 °C möglich (→ Seite 28).

Citrus sinensis 'Sanguinello'
Vollblut-Orange

WUCHS stark | **BLÜTEZEIT** Frühsommer/Sommer | **FRUCHTREIFE** Winter

Wie bei den zuvor beschriebenen Blond- und Navelorangen liegt auch die Heimat dieser Orangen in Asien (China, Südostasien, Indien). Der botanische Name *sinensis* deutet es an: Apfelsinen sind die »Äpfel, die aus China stammen«. Seit ihrer Entdeckung und Inkulturnahme sind Hunderte von Sorten entstanden. Blutorangen zeichnen sich dadurch aus, dass sie bei kühleren Temperaturen rote Farbpigmente einlagern. Vollblut-Orangen wie 'Sanguinello' tun dies nicht nur in ihrem Fruchtfleisch, sondern auch in der Schale, die sich attraktiv rot färbt.

Wie lange **lebt** ein **Zitrusblatt**?

Wie alle Zitruspflanzen mit Ausnahme der Dreiblättrigen Orange (→ Seite 46) und ihrer Kreuzungen (z. B. Citrumelo) sind auch Orangenbäume immergrün. Dies bedeutet jedoch nicht, dass trotz bester Pflege nie ein Blatt zu Boden fällt. Die Lebensdauer eines Zitrusblatts beträgt im Durchschnitt zwei bis drei Jahre. Dann wird es durch ein neues ausgetauscht. Deshalb ist es ganz normal, dass die Pflanzen ab und zu einige Blätter abwerfen, manchmal auch mehrere zugleich. Ein kritisches Maß darf jedoch nicht überschritten werden, sonst liegt ein Pflegefehler wie Trockenheit oder Staunässe vor (→ Seite 14).

Balkon & Terrasse   Wintergarten   Zimmerhaltung   pflegeleicht

Citrus sinensis 'Moro'
Halbblut-Orange

WUCHS stark | **BLÜTEZEIT** Frühsommer/Sommer
FRUCHTREIFE Winter

Im Unterschied zur vorgenannten Vollblut-Orange färbt sich bei Apfelsinensorten wie 'Moro' oder 'Tarocco' nur das Fruchtfleisch rot, nicht die Schale. Rein äußerlich sind sie deshalb zunächst von »normalen« Blond-Orangen nicht zu unterscheiden.
Blüte Der Flor erfolgt orangentypisch konzentriert und verströmt ein angenehmes, blumig-leichtes Parfum, das jeder mag.
Früchte Wie die Vollblut-, so sind auch die Halbblut-Orangen säurehaltiger und dadurch im Geschmack weniger süß als Blond-Orangen wie 'Valencia' oder gar 'Vainiglia'. Der frisch gepresste Saft wird meist gezuckert getrunken und ist dank der roten Farbe ein Hingucker in jedem Trinkglas.
Pflege Achten Sie wie bei allen Zitruspflanzen darauf, zu lange Zweige 1–2 mm oberhalb einer Knospe zu kappen, die zum Kronenäußeren zeigt.
Überwinterung Bewährt haben sich 3–12 °C.

Citrus sinensis 'Foliis Variegatis'
Buntblättrige Orange

WUCHS mäßig | **BLÜTEZEIT** Frühsommer/Sommer | **FRUCHTREIFE** Winter

Wen das Zitrusfieber gepackt hat, der kommt an buntblättrigen (panaschierten) Sorten auf Dauer nicht vorbei. Viele gibt es aber nicht. Die Orangensorte 'Foliis Variegatis' gehört mit weiß- bis gelbgrün gemusterten Blättern dazu, ebenso Zitronen (*C. limon* 'Foliis Variegatis') und Calamondin-Orangen (*C. mitis* 'Variegata'). Sehr selten sind buntblättrige Kumquat-, Limetten- und Bitterorangensorten.
Blüte Bei der Buntblättrigen Orange sind die Blüten typisch weiß, intensiv im Duft und öffnen sich innerhalb von etwa drei Wochen im späten Frühjahr.
Früchte Die Früchte sind etwas kleiner, schmecken aber genauso wie die der größeren Verwandten. Sie sind bei allen buntlaubigen Sorten zunächst gestreift, zur Vollreife aber einfarbig.
Überwinterung Da bunte Blätter weniger Chlorophyll enthalten, ist der Lichtanspruch sommers wie winters hoch. Am besten ab 5 °C überwintern.

 direkt vom Baum essbare Früchte   Saft/Schale in der Küche nutzbar   wenige Dornen   kräftige Dornen

PFLANZEN-PORTRÄTS

Zitronenblüten. Wichtig zu wissen: Da Bitterorangen als Unterlage für andere Zitrus dienen (→ Seite 22), wird die reine Art häufig selbst nicht veredelt, sondern meist aus Samen gezogen und blüht erst mit etwa fünf Jahren. Historische Sorten (→ unten) sind dagegen veredelt und blühen früher.

Früchte Bitterorangen bilden die Grundzutat der englischen »orange marmelade«. Ihre Form ist flachrund, die Schale dick. Sie löst sich sehr leicht von den Fruchtsegmenten, die zumeist kernreich und süß-sauer-bitter im Geschmack sind.

Pflege Ausgesäte Pomeranzen schießen zunächst einstämmig mit kurzen Seitenzweigen in die Höhe. Ist die gewünschte Stammlänge erreicht, kürzt man die Triebe regelmäßig zwei bis drei Mal im Jahr, damit eine kugelförmige Krone entsteht.

Überwinterung Die Wurzeln sind sehr robust gegen Krankheiten und Kälte. Eine gerade frostfreie Überwinterung genügt.

Citrus aurantium
Pomeranze, Bitterorange

WUCHS stark | **BLÜTEZEIT** (Früh-)Sommer
FRUCHTREIFE Herbst/Winter

Pomeranzen zählen in Nordeuropa zu den Zitruspflanzen mit sehr langer Geschichte: In den Orangerien von Adeligen und betuchten Bürgern spielten sie im Barock die Hauptrolle. Kein Wunder, denn sie sind robust, ihr Duftpotenzial ist enorm. Nicht nur die Blüten sind reich an ätherischem Öl, das als Neroli-Öl in der Kosmetikindustrie bis heute unverzichtbar ist. Auch aus den Blättern und Fruchtschalen werden Duftessenzen gewonnen.

Blüte Pomeranzenblüten sind reinweiß und schmalblättriger als etwa Pampelmusen- oder

Bizarr: Historische Bitterorangen

Da Bitterorangen vergleichsweise einfach zu überwintern sind, haben sie auch in Nordeuropa als Zierpflanzen eine lange Tradition mit entsprechend vielen Sorten, von denen bis heute einige, meist unbedornte, erhalten blieben.

'CONSOLEI' Schale ist mit Leisten besetzt
'CORNICULATA' Schale mit hornartigem Fortsatz
'SALICIFOLIA' Schmale, an Weiden erinnernde Belaubung mit »feinem« Kronenbild
'FASCIATA' Früchte bis zur Vollreife gelb-orange gestreift; Farbstreifen eingesenkt bzw. erhaben
'TURCICUM SALICIFOLIUM' Blätter weiß-grün gemustert; Früchte im Jugendstadium gestreift

Orangen

Citrus bergamia
Bergamotte

WUCHS stark | **BLÜTEZEIT** Frühling/Frühsommer | **FRUCHTREIFE** Herbst/Winter

Wenn Sie eine Zitruspflanze suchen, die in allen Teilen den besten, weil facettenreichsten Duft hat, ist die Bergamotte unbedingt zu empfehlen. Ihre Blätter haben ein vorzügliches Aroma, ebenso die Fruchtschalen, ganz zu schweigen vom Fruchtsaft, mit dem Sie den besten Eistee zubereiten können.
Blüte Die weißen Blüten stehen in Büscheln und liefern das ätherische Öl, das diversen Parfüms wie »4711« und Tees wie »Earl Grey« ihr Aroma gibt.
Früchte Wie die Blüten bilden sich auch die Früchte gruppenweise. Typisch ist der schmale, spitze »Zipfel«. Man muss sie nicht ausdünnen, da sie trotz Enge sehr gut ausreifen. Die Bergamotte ist ein Multitalent: Saft und Schale dienen als Gewürz, getrocknete Fruchtscheiben bereichern Potpourris.
Pflege Die Zweige wachsen rasch, kräftig und erfordern ein konsequentes Einkürzen (→ Seite 18).
Überwinterung Ab 3 °C geht es Bergamotten gut.

Citrus aurantium var. *myrtifolia*
Chinotto

WUCHS gering | **BLÜTEZEIT** Frühling/Frühsommer | **FRUCHTREIFE** Herbst/Winter

Der sehr enge Blattabstand und die schmale Form des Laubs machen Chinottos unverwechselbar. Ihre Triebe sind dachziegelartig mit Blättern bedeckt. Der jährliche Zuwachs ist sehr gering, Endhöhen von selten mehr als 1,8 m erreichen sie erst nach Jahrzehnten. Dadurch ist die Chinotto beliebt für Innenräume. Unter dem Gewicht der zahlreichen Früchte neigen sich die Zweige oft über und bilden kaskadenartige Kronen, die sehr dekorativ sind.
Blüte Ihre geringe Größe machen die weißen Blüten mit Menge und intensivem Duft mehr als wett.
Früchte Chinotto-Früchte sehen Mandarinen täuschend ähnlich: flach und mit orangefarbenen Schalen. Ihr Fruchtfleisch ist aber nicht nur süß, sondern etwas sauer und bitter. Man kann es aber sehr gut zum Würzen in der Küche verwenden.
Pflege Kein Schnitt nötig.
Überwinterung Ab 3 °C, wie alle Zitrus sehr hell.

 direkt vom Baum essbare Früchte   Saft/Schale in der Küche nutzbar   wenige Dornen   kräftige Dornen

Poncirus trifoliata
Dreiblättrige Orange

WUCHS mäßig | **BLÜTEZEIT** April/Mai
FRUCHTREIFE Herbst

Diese »wilde« Zitrusart sticht in vielfacher Hinsicht aus der Reihe der ansonsten recht einheitlichen Zitruspflanzen hervor. Sie ist zunächst nicht immergrün. Im Herbst färbt sich ihr Laub leuchtend gelb, bevor es zu Boden fällt. Die Blätter sind dreiteilig, vergleichbar mit der Form eines Kleeblatts. Ihnen wie den Blüten fehlt der zitrustypische Duft. Die Zweige sind sehr kräftig und tragen lange Dornen.
Blüte Die Blütenblätter sind sehr groß und berühren sich an der Basis nicht. Dadurch wirken sie, als ob sie einzeln stehen. Die Blüte erfolgt kurz vor oder zeitgleich mit dem Sprießen der ersten Blätter. Später im Jahr blühen die Pflanzen nicht mehr. Die Bestäubung übernehmen Insekten und Wind.
Früchte Die zunächst grünen Früchte sind mit einer weichen, pelzigen Schicht überzogen. Diese wird erst zur Vollreife ab September abgestoßen, wenn sich die zumeist kugelrunden, mandarinengroßen Früchte gelb färben. Zum Verzehr eignen sich die Früchte kaum: Die Schale ist relativ dick, das Fruchtfleisch sehr hell, sauer und samenreich. Wer sich selbst mit dem Veredeln von Zitruspflanzen (→ Seite 22) beschäftigen möchte, kann die Samen während des Winters im Kühlschrank lagern und zeitig im Frühling aussäen. Sie keimen sehr zuverlässig, wachsen aber langsam heran.
Pflege Der große Reiz der Dreiblättrigen Orangen liegt in ihrer Robustheit. Die Wurzeln tolerieren Schwankungen in der Bodenfeuchte weit besser als

 Balkon & Terrasse   Wintergarten   Zimmerhaltung ❈ pflegeleicht

andere Zitrusunterlagen. Und ihre Frosttoleranz ist so hoch, dass man Dreiblättrige Orangen sogar dauerhaft in den Garten pflanzen kann (→ Seite 47).
Überwinterung Dreiblättrige Orangen sind bisher die einzigen Zitruspflanzen, die man in Deutschland unbedenklich und dauerhaft in sonnige Gärten mit gut durchlässiger, mit Kies oder Sand vermischter Lehmerde pflanzen kann. Züchter bemühen sich zwar kontinuierlich um weitere »frostharte Zitruspflanzen«, deren Toleranz kommt bislang jedoch nicht an die der Dreiblättrigen Orange heran. Strengen Wintern, die trotz der Klimaveränderungen hierzulande immer noch mit Regelmäßigkeit auftreten, sind sie meist nicht gewachsen: Ein einziger, zu harter Winter genügt, um diesen Züchtungen das Leben zu kosten, auch wenn sie sich viele Jahre davor prächtig entwickelt haben. Je nach individueller Erfahrung wird die Frosttoleranz der Dreiblättrigen Orange mit bis zu −25 °C angegeben. Alter, Konstitution und Standort der Pflanze können die Werte jedoch deutlich herabsetzen. Wer seine Dreiblättrige Orange keinem alljährlichen Härtetest mit ungewissem Ausgang unterziehen möchte, sollte deshalb eine Viertelstunde pro Jahr für einen leichten, einfachen Winterschutz investieren. Dazu gehört eine dicke Laubschicht, die den Wurzelbereich bedeckt. Die Lufteinschlüsse zwischen den Herbstblättern isolieren und verlangsamen das Gefrieren des Erdreichs bei Dauerfrost. Die zweite Maßnahme ist das Schattieren der Zweige und Stämme zum Schutz vor der Wintersonne. Dazu dient entweder Fichtenreisig, das man überlappend in die Zitruszweige hängt, oder ein Winterschutzvlies, das man um die Kronen hüllt und verschnürt. Alternativ ist ein »Zelt« aus Bastmatten möglich. Auf keinen Fall darf jedoch Plastikfolie oder ein anderes luftundurchlässiges Material verwendet

APART Dreiblättrige Orangen tragen weich behaarte, grüne Früchte, die im Herbst gelb und glatt ausreifen. 'Flying Dragon' wächst etwas verdreht.

werden. Denn die Hülle dient nicht zum »Wärmen« der Pflanze, sondern in erster Linie zur Beschattung sowie zur Abmilderung beißend-kalter Winde oder dauernder Nässe. Die Schattierung schützt die Rinde davor, an sonnigen Vormittagen zu reißen. War die Nacht sehr kalt, verursachen rasche Temperaturunterschiede Spannungen in der Rinde. Reißt sie, ist der Strom an Wasser und Nährstoffen von der Wurzeln zu den Zweigen gestört oder sogar ganz unterbrochen. Zwar kann man Rindenrisse mit Baumwachs «kitten», besser ist es jedoch, wenn sie erst gar nicht erst entstehen. Entfernen Sie die Schattierung im Frühling nicht zu früh, sondern erst ab Ende März.
Sorten Die bekannteste *Poncirus*-Sorte ist 'Flying Dragon'. Sie wächst noch langsamer als die Stammform und bildet überdies kurios-verdrehte Zweige mit gebogenen Dornen.

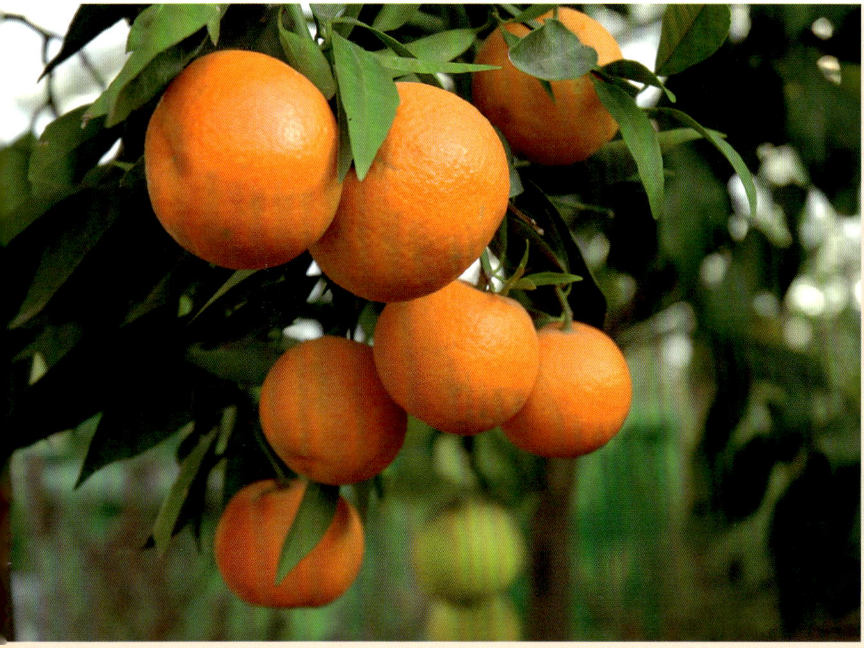

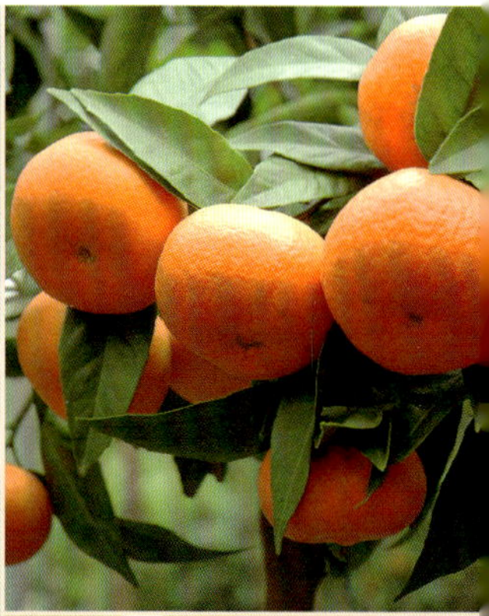

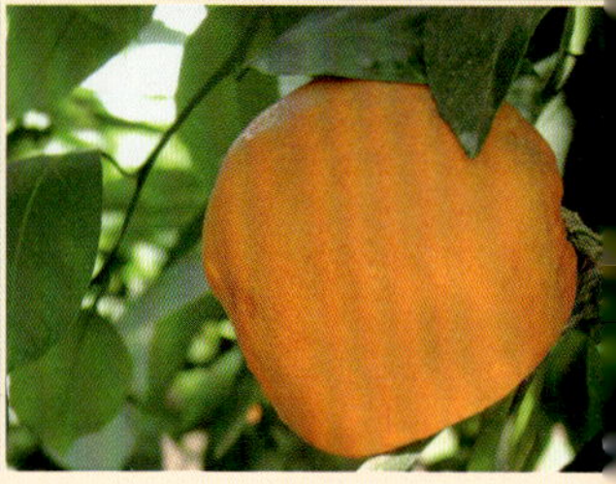

Citrus reticulata, C. clementina, C. unshiu

Mandarinen & Co.

WUCHS mäßig bis kräftig | **BLÜTEZEIT** Frühling/Frühsommer | **FRUCHTREIFE** Winter/Spätwinter

»Weihnachtszeit ist Mandarinenzeit«, und Millionen der kleinen, süßen Früchte werden geschält und gegessen, ohne dass man so genau weiß, ob man gerade eine Mandarine, Clementine oder Satsuma verspeist. Den Unterschied macht zum einen der Geschmack. Echte Mandarinen (*C. reticulata*, auch *C. deliciosa*) haben ein sehr kräftiges Aroma, Clementinen *(C. clementina)* sind milder im Geschmack, ebenso die süßen Satsumas *(C. unshiu)*. Die zweite Varianz besteht in der Anzahl der Kerne: Mandarinen sind in der Regel sehr kernreich, Clementinen je nach Sorte kernarm und Satsumsas kernlos. Nur im Ausnahmefall verirrt sich in ihren Segmenten ein Same. Bei allen dreien sind die Pflanzen charakterisiert durch schmale Blätter, die etwa dreimal so lang wie breit sind, und eine sehr reiche Verzweigung, die zu dichten Kronen führt. Mandarinen sind dabei die schmalblättrigsten, die Blätter der Satsumas können dagegen halb so breit wie ein Orangenblatt werden.

Blüte Wie Orangen verteilen auch Mandarinen ihren Flor nicht übers Jahr. Wenn die letzte Frucht geerntet ist, vergehen in der Regel vier bis sechs Wochen bis zum neuen Blütensatz. Dieser ist überreich, der Duft süß, aber mit einem würzig-herben Beigeschmack angereichert. Auch die Blätter der Mandarinengruppe haben ein herb-süßes Parfüm, das sie deutlich von anderen Zitruspflanzen unterscheidet. Sie brauchen nur ein Blatt zwischen den

Balkon & Terrasse | Wintergarten | Zimmerhaltung | pflegeleicht

FÜR SCHLEMMER Hier ist für jeden etwas dabei: Mandarinen (links) duften und schmecken intensiv. Satsumas (rechts oben) bieten angenehm kernlosen Genuss. Clementinen (rechts unten) sind wahre Vitaminbomben zum Naschen.

Fingerspitzen zu zerreiben und können eindeutig riechen, ob es sich um ein Mandarinen- oder ein Zitronenbäumchen handelt.

Früchte Die Früchte aller Mandarinen schmecken frisch vom Baum geerntet. Die der Satsumas sind am leichtesten zu schälen: Sie lösen sich oft schon am Zweig von den Fruchtsegmenten. Mandarinenschalen sitzen dagegen häufig sehr fest, Clementinen sind von der Schälbarkeit her in der »goldenen Mitte« einzuordnen. Alle Mandarinen und ihre Verwandten neigen zur Alternanz – auf ein Jahr mit besonders üppiger Ernte folgt ein mageres Jahr. Verhindern können Sie diesen Wechsel, indem Sie die Fruchtansätze auf ein Maß ausdünnen, das die Pflanze gut ernähren kann. Dann wird sie nicht überfordert und kann im Folgejahr erneut gut tragen.

Pflege Weil alle Vertreter der Mandarinengruppe sehr dicht wachsen, können die Kronen von innen verkahlen, da sich die Blätter gegenseitig das Licht rauben. Bei dauerhaftem Lichtmangel sterben sogar regelmäßig einzelne, kleine Zweige im Inneren der Krone ab und müssen entfernt werden. Achten Sie bei dieser Arbeit gleich auf mögliche Schädlinge: Im dichten Astgeflecht bleiben vor allem Schildläuse oft länger unentdeckt als bei anderen Zitrusarten und können sich dann ungestört und reichlich vermehren. Zweigspitzen, die sich zu weit über die gedachte Ideallinie einer kugelrunden Krone hinauswagen, werden schon während der Wachstumszeit eingekürzt.

Überwinterung Alle drei Vertreter sind sehr robust und kommen mit Temperaturen knapp oberhalb der Null-Grad-Grenze zurecht. Satsumas wird sogar eine Frostverträglichkeit bis −5 °C zugeschrieben. Da sie jedoch trotz dieser Robustheit keinen ganzen Winter im Freien verbringen können, werden sie wie die anderen überwintert (→ Seite 30 f.).

Sorten Die größte Sortenvielfalt gibt es bei den Clementinen. 'Nules', 'Monreal', 'Tardivo', 'Hernandina' oder 'Fina' unterscheiden sich weniger in der Fruchtqualität als in der Reifezeit. Diese Unterschiede sind jedoch bei einer Topfkultur unter hiesigen Klimabedingungen kaum ausgeprägt (→ Seite 41). In den USA unterscheidet man »Tangerinen« als weitere Untergruppe der Clementinen. Diese Bezeichnung konnte sich jedoch als »Markenname« bei uns nicht durchsetzen. Satsumas stammen aus dem fernöstlichen Raum. Deshalb tragen ihre Sorten Namen wie 'Miyagawa' oder 'Owari'. Mandarinen werden bis heute im Mittelmeerraum, z. B. Spanien und Italien, in vielen Sorten angebaut. Verbreitet sind hier 'Avana', 'Imperial', 'Kara' oder 'Nova'.

> ### Blütenbestäubung **mit dem Pinsel**
>
> Das Gros heutiger Zitrussorten ist parthenokarp, d. h., die Blüten setzen auch ohne eine Bestäubung, also die Übertragung von Pollen, Früchte an. Es genügen andere Reize wie Wind, Regentropfen oder sogar Staubpartikel, um die Fruchtbildung anzuregen. Manchmal bilden sich aber mehr Fruchtansätze, wenn eine zweite Pflanze in der Nähe steht. Ersatzweise können Sie Ihre Zitruspflanzen aber auch mit einem feinen Zeichenpinsel betupfen, um die Ernte zu steigern.

direkt vom Baum essbare Früchte   Saft/Schale in der Küche nutzbar   wenige Dornen   kräftige Dornen

PFLANZEN-PORTRÄTS

Citrus reshni
Cleopatra-Mandarine

WUCHS mäßig | **BLÜTEZEIT** (Früh-)Sommer
FRUCHTREIFE Herbst/Winter

Diese Zitrusart dient zum einen als Veredelungsunterlage, zum anderen ist sie selbst eine hervorragende Ziersorte. Ihre Kronen wachsen von Natur aus sehr dicht und kompakt. Das Laub ist etwas breiter und kürzer als bei anderen Mandarinen-Vertretern, aber immer noch schmal. Der Fruchtbesatz ist ohne jährliche Schwankungen enorm hoch und dank der kräftig orangen Schalen auffällig und dekorativ.
Blüte Die kleinen Blüten sind sehr zahlreich und stehen einzeln oder in Gruppen. Ihr Duft ist intensiv und weniger herb als bei klassischen Mandarinen.
Früchte Sie erreichen nicht die Größe von Mandarinen, haben aber die gleiche, abgeflachte Form, lassen sich leicht schälen und schmecken lecker.
Pflege Wegen des dichten Wuchses ist nur ein gelegentlicher Rückschnitt nötig.
Überwinterung Die robuste, gegen Wurzelkrankheiten unempfindliche Art verträgt Werte ab 0 °C.

Citrus clementina x *Fortunella*
Kucle

WUCHS mäßig | **BLÜTEZEIT** Frühling
FRUCHTREIFE (Spät-)Sommer

Als Kreuzung aus Kumquat *(Fortunella)* und Clementine *(C. clementina)* hat die Kucle von beiden Elternteilen die Anfangsbuchstaben geerbt. Sie hat einen sehr hohen, dekorativen Wert, da sie jährlich große Mengen an Früchten ansetzt, die sehr lange an den Zweigen bleiben. Das tief dunkelgrüne Laub ist dicht und schmal-oval – eine perfekte Mischung aus Kumquat und Clementine.
Blüte Der weiße Flor ist klein, aber zahlreich und duftet stark. Über die Kernblütezeit gegen Winterende hinaus können während der gesamten Wachstumszeit Blüten nachsprießen.
Früchte Sie sind länglich wie Kumquats, aber größer, und eignen sich hervorragend zum Einkochen, z. B. für Marmelade.
Pflege Der langsame Wuchs und die Dichte erfordern nur ein bis zwei geringe Schnitte im Jahr.
Überwinterung Ab 3 °C.

Citrus mitis/Citrofortunella mitis
Calamondin

WUCHS langsam | **BLÜTEZEIT** Frühling
FRUCHTREIFE Sommer/Herbst

Calamondin sind dank ihres hohen Zierwerts die verbreitetsten Zitruspflanzen nördlich der Alpen. Ihr Reiz liegt in der Fülle orangefarbener, mandarinenförmiger Früchte, weshalb sie viele für Mandarinen halten. Das Laub ist jedoch runder und kürzer als bei den echten Mandarinen. Calamondin ist eine Kreuzung, deren Elternteile Botaniker in Mandarine und Kumquat sehen. Sie wächst langsam und behält lange »Fensterbank-Format«. Dennoch möchte auch sie im Sommer ins Freie (→ Seite 11).
Blüte Im Frühling scheint die Calamondin von vielen weißen, duftenden Blüten wie von Schneeflocken bedeckt.
Früchte Die Früchte sind nicht zum Direktverzehr geeignet, sehr wohl aber für Marmelade. Der kernreiche Saft findet als Speisezutat Verwendung.
Pflege Meist ist nur ein Schnitt pro Jahr nötig.
Überwinterung Temperatur ab 3 °C.

C. clementina x *C. maxima/x paradisi*
Tangelo

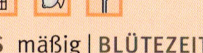

WUCHS mäßig | **BLÜTEZEIT** Frühsommer/Sommer | **FRUCHTREIFE** Herbst/Winter

Der Name dieser Kreuzungen geht zunächst auf »Tangerinen«, einer Untergruppe der Clementinen, zurück. Der zweite Namensteil leitet sich von »Pummelo«, der italienischen Bezeichnung für Pampelmusen, bzw. »Pompelmo« für Grapefruit ab.
Blüte Die Blüten erreichen mittlere Größen mit sehr gutem, intensivem Parfüm.
Früchte Die Tangelo-Sorte 'Ugli' bildet abgeflachte, orangengroße Früchte mit strukturreicher, oft unregelmäßiger Schale, 'Minneola' hat attraktive, dunkelorangefarbene Früchte mit deutlichem Hals, 'Mapo' rundliche Leckerbissen, deren Schale einen deutlich gelben Einschlag hat. Sie alle werden am besten frisch gepflückt, geschält und gegessen.
Pflege Der Wuchs ist vor allem bei 'Minneola' und 'Mapo' auch ohne Schnitt sehr ansprechend.
Überwinterung Durch den Grapefruit-Pampelmusen-Einfluss etwas wärmer – ab 5 °C – stellen.

 direkt vom Baum essbare Früchte   Saft/Schale in der Küche nutzbar    wenige Dornen   kräftige Dornen

PFLANZEN-PORTRÄTS

Fortunella
Kumquat

WUCHS langsam | **BLÜTEZEIT** (Früh-)Sommer
FRUCHTREIFE Spätwinter/Frühling

Kumquats haben seit Jahrzehnten einen Stammplatz im Zitrussortiment und werden ab Spätwinter heute fast überall angeboten: in Gartencentern, Supermärkten oder Blumenläden. Denn um diese Jahreszeit hängen sie über und über voll mit Früchten. Den dekorativen Wert steigert der kompakte Wuchs, der auch mit den Jahren erhalten bleibt, denn Kumquats wachsen langsam und erreichen Endhöhen, die kaum die Hälfte einer Zitrone oder Orange betragen. Die Zweige sind mit fast hundertprozentiger Sicherheit unbedornt und unterstreichen gemeinsam mit ihren Früchten die »Familientauglichkeit« der Kumquat: Man kann – und sollte – Kumquatfrüchte mitsamt der Schale essen. Da macht es gar nichts, wenn Ihr Kind eine ganze Frucht in den Mund steckt. Das Geschmackserlebnis ist für alle Generationen kurios: Die Schale schmeckt süß und dank der vielen ätherischen Öle sehr intensiv und charakteristisch. Das fast kernlose Fruchtfleisch ist dagegen sauer wie bei einer Zitrone. Tipp: Wenn Sie eine Kumquat vor dem Verzehr fest zwischen den Handflächen oder über ein Schneidebrett rollen, entfalten die ätherischen Öle in der Schale, deren Zellen Sie dabei öffnen, ihre volle Intensität.

Blüte Der Flor setzt rund sechs Wochen nach der Ernte oder dem Abfallen der letzten Frucht ein. Die Blüte erfolgt konzentriert und beschert ihren Besitzern über einen Zeitraum von drei bis vier Wochen ein Meer duftender, kleiner, reinweißer Blüten.

KOSTBARE KÖSTLICHKEITEN Ovale Kumquats sind Delikatessen (links). Runde Kumquats (rechts oben) kaut man ebenfalls mitsamt der süßen Schale kräftig durch. Mini-Kumquats (rechts unten) sind schmucke Kleinode.

Früchte Anhand der Fruchtform unterscheidet man vier Kumquatarten. Die häufigste Art, die Ovale Kumquat *(Fortunella margarita)*, auch Nagami genannt, trägt lang gestreckte Früchte, die Runde Kumquat oder Marumi *(Fortunella japonica)* rundliche. Bei der Changshou-Kumquat oder Meiwa *(Fortunella obovata)* schwankt die Form der Früchte zwischen »rund« und »birnenförmig«, die Blätter sind deutlich abgerundet. Die Vierte im Bunde ist die selten erhältliche Mini- oder Hongkong-Kumquat *(Fortunella hindsii)*, die kaum jemals Hüfthöhe erreicht und extrem langsam wächst. Ihre erbsengroßen und -runden Früchte sind intensiv orange gefärbt und reihen sich dicht wie Perlenketten an den schmalblättrigen Zweigen auf. Alle Kumquats neigen dazu, in einem Jahr überreich, im anderen wenig oder gar nicht zu tragen. Deshalb dürfen Sie nicht enttäuscht sein, wenn eine Pflanze, die Sie mit kiloschwerem Fruchtbehang gekauft haben, im Folgejahr die Ernte fast verweigert. Wenn sie zitrusgerecht gepflegt wird, setzt der Ertrag im darauffolgenden Jahr von alleine wieder ein.

Pflege Trotz des phasenweise überreichen Fruchtansatzes hängen die Zweige nicht über. Sie bleiben aufrecht und formen dichte, oft eiförmige Kronen. Deshalb genügt es, einzelne Triebspitzen, die, statt sich zu verzweigen, ausschließlich in die Länge wachsen, zu einem beliebigen Zeitpunkt zwischen Frühjahr und Herbst leicht einzukürzen. Bei der zwergwüchsigen Mini-Kumquat erübrigt sich ein Schnitt meist gänzlich, obwohl es auch hier zur Bildung einzelner, überlanger Triebe kommen kann.

Überwinterung Kumquats werden zu den robusteren Zitrus gezählt, die auch in solchen Anbaugebieten hohe Erträge garantieren, in denen man im Winter mit einigen Frostnächten bis −5 °C rechnen muss, zum Beispiel auf der griechischen Insel Korfu. Saure Limetten (→ Seite 36) hätten hier keine Chance, Kumquats sehr wohl, zumal sie kühlere Temperaturen nicht nur stundenweise, sondern auch über längere Zeit sehr gut vertragen.

Sorten Diese kräftige Grundkonstitution hat dazu geführt, dass man Kumquats gerne mit anderen Zitrusarten kreuzt, um kältefestere, robuste Sorten zu züchten. Die Ergebnisse solcher Kreuzungen mit Limetten, Orangen oder Zitronen sind Limequats (→ Seite 39), Orangequats oder Lemonquats.

Mit **Kumquat** kann man **prima kochen**

Kumquatfrüchte sind so vielfältig in der Küche zu verwenden wie kaum eine andere Zitrusfrucht. Die Früchte werden kandiert und als Süßigkeiten verkauft oder süß-sauer als Pickles eingelegt. Sie geben diversen alkoholischen Getränken wie Likören ihr unverwechselbares Aroma. In dünne Streifen geschnitten, kocht man sie zu Marmeladen ein. Nicht zu vergessen die vielen Möglichkeiten, mit frischen Kumquat-Stückchen oder -Scheiben Drinks, Käseplatten oder Fruchtsalate zu dekorieren. Ersetzen Sie in Orangensaucen-Rezepten die Orangen einmal durch Kumquats – Sie werden vom Ergebnis begeistert sein. Der intensive Geschmack der Früchte passt ganz hervorragend zu Fleischgerichten mit starkem Eigenaroma wie zum Beispiel Ente, Gans oder Lamm.

PFLANZEN-PORTRÄTS

Citrus paradisi
Grapefruit

WUCHS mäßig bis mittelstark | **BLÜTEZEIT** Frühsommer/Sommer | **FRUCHTREIFE** Folgesommer

Was an der Obsttheke als »Grapefruit« angeboten wird, ist oft eine »Pampelmuse« – und umgekehrt. Kein Wunder, dass sich die Obsthändler uneins sind, denn die Übergänge sind fließend, da es sich bei der Grapefruit (Pompelmo) ursprünglich um eine Kreuzung aus Pampelmuse (Pummelo) und Orange handelt, und viele Sorten durch neuerliches Einkreuzen von Pampelmusen entstanden sind (Pomelo). Mit den enormen Dimensionen ihrer Früchte hält der Wuchs der Grapefruitbäumchen nicht mit. Sie werden auch im Plantagenanbau nicht größer als Zitronen- oder Orangenbäume, wobei es sortenspezifische Abweichungen geben kann. Die Zweige sind meist unbedornt, die Blätter dank verbreiterter Blattstiele deutlich »geflügelt« und je nach Sorte mit feinem Flaum überzogen. Ebenfalls sortenabhängig können die Zweige mit Leisten versehen sein, sodass sie kantig aussehen.
Blüte Der Blütendurchmesser wird nur noch von Pampelmusen (→ rechts) und einigen Zitronatzitronen (→ Seite 56) übertroffen. Der Duft ist süß und intensiv.
Früchte Grapefruit bedeutet übersetzt so viel wie »weintraubenfrüchtig« – eine Anspielung darauf, dass die Früchte oft in »Trauben« zusammensitzen. Ihr Fruchtfleisch ist saftig, süß und nur leicht bitter, wenn man die Haut der Fruchtsegmente nicht mitisst. Am besten löffelt man die Früchte aus oder entfernt die Segmenthaut vor dem Verzehr. In Topfkultur gelingt es Grapefruits und ähnlich großen Früchten wie den Pampelmusen nicht, binnen einer Wachstumsperiode auszureifen. Die Fruchtansätze überwintern und reifen mit Beginn des Frühlings weiter. Daraus folgt, dass gerade bei diesen Pflanzen eine gute Winterpflege der Garant für eine gute Ernte ist. Die Temperaturen zur Überwinterung werden aus diesem Grund höher angesetzt, als es die Pflanze selbst erfordern würde.
Pflege Grapefruits wachsen weniger dicht als Orangen, da ihre natürliche Neigung zur Verzweigung geringer und der Blattabstand größer ist. Deshalb fördert ein regelmäßiger, aber mäßiger Rückschnitt den Aufbau dichterer Kronen.
Überwinterung Früchte tragende Grapefruits sollten bei über 10 °C, fruchtlose ab 5 °C stehen.
Sorten Neben gelbfleischigen Grapefruits wie 'Marsh Seedless' erfreuen sich rotfleischige Sorten wie 'Star Ruby' oder 'Ruby Red' großer Nachfrage.

 Balkon & Terrasse Wintergarten Zimmerhaltung ✱ pflegeleicht

Pampelmusen & Zitronatzitronen

Citrus maxima
Pampelmuse

WUCHS mäßig bis stark | **BLÜTEZEIT** Frühsommer/Sommer | **FRUCHTREIFE** Folgesommer

Pampelmusenfrüchte sind wahre Giganten. Sie können einen größeren Durchmesser haben als eine Männerhand. Eine entsprechende Belastung sind die Früchte für den Zweig, der sie trägt. Er hängt oft weit herunter und ist für jede Stütze dankbar. Binden Sie dazu den Zweig an einer geeigneten Stelle an einem Bambusstab fest, den Sie zuvor tief in die Erde des Pflanzgefäßes drücken.
Blüte Pampelmusen-Blüten sind riesig, ihr Duft sehr kräftig. Die Blütenblätter wirken wie aus Wachs gegossen: dick und fest. Fallen sie welk nicht zu Boden, sollte man sie vorsichtig entfernen, da sich zwischen ihnen sonst Schädlinge einnisten können.
Früchte Ihr Fruchtfleisch löffelt man gezuckert.
Pflege Zweige, die trotz Stütze Trauerwuchs zeigen, werden durch Schnitt auf eine nach oben gerichtete Knospe umgelenkt oder entfernt.
Überwinterung Ab 10 °C.

Citrus limon x *Citrus paradisi*
Lipo

WUCHS stark | **BLÜTEZEIT** Frühsommer/Sommer | **FRUCHTREIFE** Folgesommer

Großfrüchtige Zitrussorten reizen besonders zur Züchtung, da sie vermeintlich hohe Erträge versprechen. Diese Rechnung geht bei Zitruspflanzen in Topfkultur jedoch nicht auf, da jede Pflanze nur eine begrenzte Anzahl Früchte ernähren kann – aber spannend ist es allemal, »den Dicken« bei der Reife zuzusehen. Die Lipo ist eine Kreuzung aus Zitrone (*C. limon*), die das »Li« für »Limon(e)« zum Namen beisteuert, und einem Vertreter der Grapefruits, von der die Silbe »po« stammt.
Blüte Der Flor ist sehr groß, wachsartig fest und von sattem, süßlichem Duft.
Früchte Die Form ist eine Mischung aus länglicher Zitrone und kugelrunder Grapefruit, die Schale dick und mehr runzelig denn glatt, das Fruchtfleisch sauer und nur zum Kochen geeignet.
Pflege Wie bei Pampelmuse und Grapefruit.
Überwinterung Ab 5 °C, mit Früchten ab 10 °C.

direkt vom Baum essbare Früchte   Saft/Schale in der Küche nutzbar   wenige Dornen   kräftige Dornen

PFLANZEN-PORTRÄTS

Citrus medica
Zitronatzitrone

WUCHS langsam bis mäßig | **BLÜTEZEIT** Frühling/Sommer | **FRUCHTREIFE** Sommer/Winter

Zitronatzitronen sind die dickschaligsten unter den Zitrusfrüchten und stellen gemeinsam mit den Pampelmusen die größten und schwersten Exemplare, deren Gewicht durchaus im Kilo-Bereich liegen kann. Das weiße Gewebe unter der gelben Außenschale (Flavedo), Albedo genannt, kann gut Daumendicke erreichen und ist bei vielen Sorten essbar: Es schmeckt süß und fruchtig-frisch. Häufiger wird es jedoch samt Schale kandiert oder zu Zitronat, der bekannten Gebäckzutat, verarbeitet. Der Wuchs der Zitronatzitronen ist im Vergleich zu ihren Früchten geradezu mickrig: Sie erreichen Endhöhen von kaum mehr als Mannshöhe, was sie im Mittelmeerraum zu beliebten Vorgarten-Zitrus macht. Die Tenzend zur Verzweigung ist sehr schwach ausgeprägt und führt zeit ihres Lebens zu sehr lockeren, lichtdurchfluteten, »staksigen« Kronen. Die Blätter sind charakteristisch geformt und lassen sich gut von Orange, Zitrone, Mandarine und Co. unterscheiden. Sie verengen sich zum Blattende hin nicht, sondern bilden eher ein abgerundetes Rechteck oder »Ei«, dem die Blattspitze fehlt. Je nach Sorte sind die Blattnerven stark ausgeprägt und als Vertiefungen zu sehen, die das Blatt »gewellt« wirken lassen. Zitronatzitronen sind bedornt, jedoch lückenhaft – längst nicht in jeder Blattachse sitzt ein Dorn.
Blüte Der Wuchs der Pflanzen ist zwar mäßig, aber die sehr großen Blüten können den Früchten, was die Dimension angeht, das Wasser reichen. Die

RIESIG 'Etrog' lässt dicke Früchte reifen (links).

BEGEHRT 'Buddha's Hand' (rechts) begeistert mit kurios geformten fingerförmigen Früchten und intensivem Duft.

Knospen sind rosa bis violett überzogen, die Blütenblätter dick und fest, der Duft intensiv und verführerisch. Die Blüte erfolgt nicht nach kalkulierbaren Regeln. Das Gros der Exemplare setzt im April oder Mai zur Blüte an, andere beginnen erst im Verlauf des Sommers zu blühen.

Früchte Wie bei den großfrüchtigen Grapefruits und Pampelmusen ist es die Regel, dass eine Zitronatzitronen-Frucht, auch Cedrat- oder Zedratzitrone genannt (Cedro), nicht binnen einer Vegetationszeit ausreift. Sie überwintert an den Zweigen, was trotz kühler Temperaturen kein Problem ist: Die Früchte nehmen je nach Standortbedingungen im Winterquartier kaum an Größe und Aroma zu, bis der Reifeprozess im Frühling mit steigender Tageslänge und Lichtmenge wieder startet. Die Schalen dienen gerieben als Gewürz oder kandiert als Backzutat.

Pflege Die schweren Früchte können die Zweige, an denen sie reifen, zum Brechen bringen. Deshalb sollte man schwache Äste stützen. Ist das Malheur bereits passiert, können Sie versuchen, einen gebrochenen Ast zu schienen und die Bruchstelle fest mit Jutestreifen zu umwickeln. Solange der geknickte Zweig eine Rindenverbindung behält, besteht die Chance, dass die Bruchstelle wieder zusammenwächst – oder dass über die Rinde als »Versorgungsbrücke« die Frucht zumindest so weit versorgt wird, dass sie ausreift.

Überwinterung Zitronatzitronen sind wärmebedürftiger als andere Zitrusgruppen und mit den Limetten auf eine Stufe zu stellen. Deshalb ist eine Temperatur von mindestens 8 °C anzuraten.

Sorten Die wohl spektakulärste Zitronatzitronen-Sorte ist 'Buddha's Hand', auch als Sorte 'Digitata' oder botanisch als *Citrus medica* var. *sarcodactylis* bekannt. Ihre Früchte fächern sich in fingerförmige Segmente auf, die zuweilen kurios abstehen und wie Finger auf etwas zu deuten scheinen. Die Schale duftet auch ohne Berührung sehr intensiv wie ein von Meisterhand gemischtes Damenparfüm. Deshalb verarbeitet man 'Buddha's Hand'-Früchte selten, sondern legt sie zur Dekoration in eine Schale und genießt die Duftwolken. Die Früchte bleiben gut vier Wochen frisch, oft auch zwei Monate. Die Sorte 'Etrog' ist wegen ihrer bis heute gebräuchlichen Verwendung in jüdisch-religiösen Zeremonien begehrt. Charakteristisch ist der asymmetrische Ansatz ihrer Früchte. Die Sorte 'Diamante' bildet ebenfalls glatt- und gelbschalige Früchte, sie sind aber von gleichmäßig ovaler Form.

> ### Gelungener Mix: **Zitronat & Zitrone**
>
> Zitronatzitronen wurden sehr häufig mit Zitronen zu unterschiedlichen Sorten gekreuzt. Das Ergebnis trägt den Namen »limonimedica«. Die Früchte dieser Sorten haben statt der meist glattschaligen Hülle der Zedratzitronen sehr variable Schalen, die von Furchen und Ausbuchtungen geprägt sind wie etwa bei der Sorte 'Florentina'. Die Sorte 'Rugosa' hat eine reich konturierte Schale, die aus Hunderten kleiner Hügel und Täler zu bestehen scheint. Kurios sind die Früchte von 'Bicolor', die bis zur Vollreife eine grüne Schale mit unterschiedlich großen, violetten Flächen präsentieren.

BEGRIFFSERKLÄRUNGEN

Alternanz

Dieser Begriff bezeichnet schwankende Erntemengen bei Fruchtpflanzen, also auch bei Zitrus. Einige Zitrusarten neigen dazu, sich in einem Jahr mit maximalem Fruchtertrag so stark zu verausgaben, dass sie im nächsten Jahr kaum Früchte tragen oder ganz pausieren, um ihre Kraftreserven zu schonen.

Ätherisches Öl

Diese Öle sind der Trägerstoff von Duftmolekülen. Sie sind in den Pflanzenzellen eingelagert. Ätherische Öle kommen bei Zitruspflanzen sowohl in den Blättern als auch in den Blüten und Fruchtschalen in zum Teil großen Mengen vor. Sie lassen sich durch Destillation und andere Gewinnungsverfahren extrahieren.

Auge

Wachstumspunkte an den Trieben, aus denen sich ein Blatt oder ein Zweig entwickeln kann.

Edelsorte

Die Edelsorte ist der oberirdische Teil einer veredelten Zitruspflanze. Sie sorgt zum Beispiel dafür, dass die Pflanze Früchte von besonders hoher Qualität liefert.

Gattung, Art und Sorte

Die Botaniker teilen die Pflanzen in verschiedene, hierarchisch geordnete Gruppen auf. Zitruspflanzen gehören zunächst alle der Gattung »Citrus« an. In der nächsten Ebene wird die Gattung in mehrere Arten unterteilt. Sie wird als zweiter Namensbestandteil festgehalten, zum Beispiel *Citrus limon* für Zitronen oder *Citrus sinensis* für Orangen. Die dritte Hierarchieebene – und damit auch der dritte Teil des Pflanzennamens – gibt die Sorte an. Sie ist meist das Ergebnis menschlicher Züchtung oder ein Zufallsergebnis aus der Natur, die gefunden und benannt wurde. Der Sortenname wird in einfache Anführungsstriche gesetzt, zum Beispiel *Citrus limon* 'Lunario' oder *Citrus limon* 'Canaliculata'.

Kontaktmittel

Pflanzenschutzmittel, die nur dann wirken, wenn der zu behandelnde Schädling direkt mit dem Mittel in Berührung kommt, zum Beispiel durch Einsprühen.

Langzeitdünger

Auch Depotdünger genannt. Langzeitdünger hat den Vorteil, dass die im Dünger enthaltenen Nährstoffe nicht sofort und nicht alle auf einmal gelöst, sondern sukzessive über einen längeren Zeitraum an die Pflanze abgegeben werden. Möglich wird diese zeitliche Verzögerung durch spezielle Umhüllungen, zum Beispiel Harze, die sich durch den Einfluss von Wärme, Wasser und Mikroorganismen im Boden nur allmählich zersetzen und ihren Inhalt nach und nach freigeben.

Mulchen

Um das Substrat im Topf – vor allem im Sommer – vor Verdunstung und Unkraut zu schützen, bringt man eine Mulchschicht aus. Für Zitruspflanzen im Topf haben sich als Mulchmaterial Blähton, Seramis oder Rindenmulch bewährt.

Nützlinge

Unter Nützlingen versteht man die natürlichen Fraßfeinde von Schädlingen. Es handelt sich beispielsweise um Käfer, Wespen, Fliegen oder Fadenwürmer (Nematoden), die Schädlingskolonien an Zitruspflanzen als Nahrungsgrundlage nutzen.

Panaschierung

Pflanzen mit mehrfarbigen Blättern werden als panaschiert bezeichnet, die Färbung an sich als Panaschierung. Die häufigsten Farbkombinationen sind gelb-grün oder weiß-grün. Panaschierungen können nur die Blattränder oder die Blattspreiten betreffen, sie können in variablen Übergängen erfolgen oder klare Trennlinien haben.

pH-Wert

Maßeinheit, mit der der Säuregrad des Bodens angegeben wird. Ein pH-Wert von 7 ist als »neutral« definiert, Werte darüber misst man bei alkalischen, »kalkhaltigen« Böden, Werte darunter bei sauren Böden.

Staunässe

Unter Staunässe versteht man eine länger anhaltende Überversorgung der Wurzeln mit Wasser. Dadurch bekommen die Wurzeln zunächst zu wenig Sauerstoff, in fortgeschrittenem Stadium faulen sie und können die Pflanze nicht mehr mit Wasser und Nährstoffen versorgen. Staunässe wird durch zu häufiges und reichliches Gießen oder durch ungeeignete Pflanzgefäße ausgelöst, in denen Wasser über längere Zeit stehen bleibt – zum Beispiel große Untersetzer oder wasserdichte Übertöpfe.

Steckling

Unter Stecklingen versteht man Triebspitzen oder Teilstücke von Zweigen, die bei richtiger Pflege Wurzeln bilden und zu neuen Pflanzen heranwachsen. Die Wurzelbildung erfolgt klassischerweise in Erde oder Wasser.

Substrat

Als Substrat bezeichnet man die Pflanzerde, die aus einem organischen Anteil wie Humus und mineralischen Anteilen wie Blähton, Bims oder Lavastein besteht. Substrate für Zitruspflanzen sollten maximal 60 Prozent Humus enthalten, damit sie sich nicht zu rasch zersetzen.

Systemische Mittel

Pflanzenschutzmittel, deren Wirkstoffe von der Pflanze aufgenommen, in ihre Zellen transportiert und verteilt werden, bezeichnet man als systemische Mittel. Von den Zellen der Pflanze gelangen sie in den Schädling, sobald dieser eine Zelle ansticht und zur Nahrungsaufnahme aussaugt. Der Wirkungszeitraum ist dadurch bei systemischen Mitteln länger als bei → Kontaktmitteln. Im Winter kann eine Behandlung mit systemischen Mitteln weniger wirksam sein als im Sommer, weil die Wirkstoffe, wenn die Pflanze eine Wachstumspause einlegt, weniger gut von den Pflanzenzellen aufgenommen werden.

Überdüngung

Wie bei allen Pflanzen kommt es auf die Dosis des Düngers an, die ihnen verabreicht wird: Zu viele Nährstoffe auf einmal überlasten den Organismus und können zu schweren Schäden an Blättern, Zweigen oder Wurzeln führen. In Düngern sind die Nährstoffe zumeist an Salze als Trägerstoffe gebunden. In Wasser gelöst, können sie ätzend sein und dadurch gewebeschädigend wirken.

Unterlage

Als Unterlage bezeichnet man den Wurzelstock und unteren Stammteil einer veredelten Zitruspflanze. Als Unterlage wählt man meist besonders robuste und gegen Krankheiten widerstandsfähige Arten.

Veredelung

Vermehrungstechnik, bei der zwei Individuen zu einer Pflanze zusammenwachsen. Während die eine Pflanze als »Unterlage« die Wurzeln und einen Teil bis Großteil des Stammes stellt, bildet die zweite Pflanze die Krone. Die zweite Pflanze wird nicht im Ganzen aufgesetzt, sondern beginnt als Knospe oder kleiner Zweig, der in die Unterlage eingesetzt wird.

Veredelungsstelle

Die Stelle im Stamm, an der die → Edelsorte auf die → Unterlage aufgesetzt wurde. Sie ist meist als Verdickung oder Trennlinie mit wechselnder Rindenstruktur zu erkennen.

Verzweigung

Eine Verzweigung bezeichnet die Gabelung eines Asts oder Zweigs. Je höher die Anzahl der Verzweigungen bei Zitruspflanzen ist, umso dichter wachsen die Kronen.

Viruserkrankungen

Zitruspflanzen können von verschiedenen Viren befallen werden. Diese lassen sich nicht direkt bekämpfen und führen meist zum Tod der Pflanzen. Man kann sie also nur durch Vorbeugung bekämpfen, indem man etwa resistente Unterlagen zur Zitrusveredelung verwendet. Zum Glück sind Viren bei der bei uns üblichen Topfkultur von Zitruspflanzen sehr selten. Treten sie auf, ist keine großflächige Ausbreitung zu befürchten wie im Plantagenanbau, da die Einzelexemplare weit verstreut stehen. Einer der gefährlichsten Zitrus-Viren ist der Citrus-Tristeza-Virus, kurz CTV genannt.

Wildtriebe

Oft treiben aus der Unterlage sogenannte Wildtriebe aus. Sie besitzen nicht die gewünschten Eigenschaften der Edelsorte und werden deshalb entfernt.

Wurzelhals

Der Wurzelhals bildet den Übergang vom Stamm zur Wurzel. Es ist eine empfindliche Stelle der Pflanze, da hier leicht Rindenfäulnis entstehen kann, wenn Erde angeschüttet wird.

REGISTER

Die **halbfett** gesetzten Seitenzahlen verweisen auf Abbildungen.
UK = Umschlagklappe

A

Agapanthus UK hinten
Alternanz 8
Anhäufeln 12
Anzuchterde 22, 23
Apfelsinen 40, **40**, 41, 42, **42**
Auge 23
Aussäen 22, 23, **23**

B

Baumwachs 19, **19**
Begleitpflanzen UK hinten
Bergamotte 45, **45**
Bims 12
Bitterorange 8, 22, 30, 44, **44**
Bitterorange 'Consolei' 44
Bitterorange 'Corniculata' 44
Bitterorange 'Fasciata' 44
Bitterorange, historische 44
Bitterorange 'Salicifolia' 44
Bitterorange 'Turcicum Salicifolium' 44
Blähton 12
Blätter, abfallende 15, 26
Blätter, gelbe 26, 27
Blätter, helle 26, 27
Blätter, sich einrollende 26
Blattflecken, braune 27
Blattläuse 24
Blattverbrennungen 27
Blond-Orangen 'Vainiglia' 6
Blond-Orangen 'Valencia' 6
Blond-Orangen 'Washington Navel' 6
Blüten, ausbleibende 26
Blütenbestäubung 49
Blütezeit 34
Bodentemperatur 31
'Buddha's Hand' 6, 8, **9**, **56**, 57
Buntblättrige Orange 43, **43**

C

Calamondin 8, 11, 43, 51, **51**
Chinotto 9, 11, 45, **45**
Citrofortunella mitis 51, **51**
Citrus aurantiifolia 36, **36**
Citrus aurantiifolia x *Fortunella* 39, **39**
Citrus aurantium 22, 44, **44**
Citrus aurantium var. *myrtifolia* 45, **45**
Citrus bergamia 45, **45**
Citrus clementina 48, **48**, 49
Citrus clementina 'Fina' 49
Citrus clementina x *Citrus maxima*/ x *paradisi* 51, **51**
Citrus clementina x Fortunella 50, **50**
Citrus clementina 'Hernandina' 49
Citrus clementina 'Monreal' 49
Citrus clementina 'Nules' 49
Citrus clementina 'Tardivo' 49
Citrus deliciosa 48
Citrus hystrix 37, **37**
Citrus limetta 38, **38**
Citrus limetta 'Pursha' 38, **38**
Citrus limon 34, **34**
Citrus limon 'Canaliculata' **34**
Citrus limon x *Citrus paradisi* 55, **55**
Citrus limon 'Femminello' 34
Citrus limon 'Foliis Variegatis' 34
Citrus limon 'Lunario' 34
Citrus limon 'Rosso' 35, **35**
Citrus limonia 37, **37**
Citrus limonimedica 35
Citrus maxima 55, **55**
Citrus medica 56, **56**, 57
Citrus medica 'Buddha's Hand' 6, 8, **9**, 56, **57**
Citrus medica 'Diamante' 57
Citrus medica 'Digitata' 57
Citrus medica var. *sarcodactylis* 57
Citrus mitis 51, **51**
Citrus mitis 'Varietata' 43
Citrus paradisi 54, **54**
Citrus paradisi 'Marsh Seedless' 54
Citrus paradisi 'Ruby Red' 54
Citrus paradisi 'Star Ruby' 54
Citrus reshni 6, 50, **50**
Citrus reticulata 48, **48**, 49
Citrus reticulata 'Avana' 49
Citrus reticulata 'Imperial' 49
Citrus reticulata 'Kara' 49
Citrus reticulata 'Nova' 49
Citrus sinensis 40, **40**, 41
Citrus sinensis 'Driller' 41
Citrus sinensis 'Foliis Variegatis' 43, **43**
Citrus sinensis 'Moro' 43, **43**
Citrus sinensis 'Navelina' 41
Citrus sinensis 'Ovale Calabrese' 41
Citrus sinensis 'Sanguinello' 42, **42**
Citrus sinensis 'Thomson Navel' 41
Citrus sinensis 'Vainiglia' 41
Citrus sinensis 'Valencia' 41
Citrus sinensis 'Washington Navel' 41
Citrus unshiu 48, **48**, 49
Citrus x *meyeri* 35, **35**
Clementinen 6, 48, **48**, 49
Cleopatra-Mandarine 6, 50, **50**
Combava 37, **37**

D

Depotdünger 17, **17**
Dornen 36
Dränage 12
Dreiblättrige Orange 46, **46**, 47
Düngen 16, 17, **17**, 31, 33
Dünger 17, **17**

E/F

Edelreis 22, 23
Edelsorte 22
Einkürzen 19, **19**
Einräumen 30
Eisen 16
Eisendünger 16
Eisenmangel 27
Erde 12
Eremocitrus glauca 39, **39**
Flüssigdünger 17, **17**
Früchte, abfallende 26
Fruchtreife testen 31

G/H

Gießen 14, 15, 26, 33
Gießfehler 15
Gießmenge 14
Gießrand 12, 13, **13**
Gießrhythmus 14, 15
Glühwein-Zitrone 35
Grapefruit 54, **54**
Halbblut-Orange 43, **43**
Hanfpalme UK hinten

60

Hitzeschutz 20, 21, **21**
Humus 12
Hygiene 31

J/K

Jasmin **UK hinten**
Jasminum azoricum **UK hinten**
Jasminum nitidum **UK hinten**
Jasminum officinale **UK hinten**
Jasminum sambac **UK hinten**
Kaffir-Limette 37, **37**
Kalium 16
Kalk, kohlensaurer 16
Kalksplitt 12
Kalzium 16
Kaufkriterien 8
Klima 11
Kopulation 22
Kronenform 19, **19**
Kucle 50, **50**
Kumquat 6, 8, 30, 52, **52**, 53, **UK vorne**

L/M

Langzeitdünger 16, 17, **17**
Lavagestein 12
Lichtausbeute 10, 11, 28
Lichtmangel 26
Limequat 11, 39, **39**
Limetten 6, 7
Limomedica 57
Lipo 55, **55**
Luftfeuchtigkeit 31
Makrut-Limette 37, **37**
Mandarinen 6, 48, 49
Mandarinen-Limette 37, **37**
Meyer's Zitrone 35, **35**
Mineralien 16, 17
Miniermotten 25, **25**
Mulchen 20, **20**

N/O

Nährstoffe 16, 17
Nährstoffmangel 27
Nässeschäden 14
Navel-Orangen 41
Okulation 23
Orangen 6, 40, **40**, 41
Orange, Dreiblättrige 22, 30

P/R

Pampelmuse 6, 54, 55, **55**
Pflanzengröße 8
Pflanzenschutzmittel 24, 25
Pflanzgefäße 12, 13
Pflege 20, 21, 33
Pflegefehler 8, 26, 27
Pfropfen 22, 23
pH-Test 16
pH-Wert 16, 27
Phosphor 16
Pomeranze 44, **44**
Poncirus trifoliata 22, 46, **46**, 47
Poncirus trifoliata 'Flying Dragon' 47
'Pursha'-Limette 38, **38**
Reifezeit 41
Rote Zitrone 35, **35**

S

Samen 22
Satsumas 6, 8, **9**, 30
Saure Limette 36, **36**
Schädlinge 24, 25
Schattierung 21
Schildläuse 24, **25**
Schmierläuse 24, 25
Schmierseife-Spiritus-Lösung 24
Schmucklilien **UK hinten**
Schnecken 25, **25**
Schnitt 18, 19
Schnitttechnik 19
Schnittwunden 19, **19**
Sofortdünger, mineralische 17
Sommerpflege 20, 21
Sonne 33
Sonnenschutzglas 11
Spalier 8, **9**
Spinnmilben 24, **25**
Spurenelemente 16, 17
Standort 10, **10**, 11, 28, 29
Staunässe 15
Stecklinge 23, **23**
Sternjasmin **UK hinten**
Stickstoff 16
Substrat 12
Süße Limette 38, **38**

T/U

Tangelo 51, **51**
Tangelo 'Minneola' 51
Tangelo 'Ugli' 51
Tangerinen 49
Tauchbad 21
Temperatur 28, 29, 30, 31, 33
Thai-Limette 37
Topfgröße 14
Trachelospermum asiaticum **UK hinten**
Trachelospermum jasminoides **UK hinten**
Trachycarpus fortunei **UK hinten**
Trockenschäden 15
Überwinterung 28, 29
Umtopfen 12, 13, **13**

V/W/Z

Veredeln 22, 23, **23**
Verdelungsunterlagen 22
Vermehrung 22, 23, **23**
Vier-Jahreszeiten-Zitrone 34
Volkamer's Zitrone 22
Vollblut-Orange 42, **42**
Volldünger 16, 17
Wachstumspause 28
Wärmeschutzglas 11
Wassermangel 15
Wildtriebe 19, **19**
Windschutz 21
Wintergarten 11, **28**, 29
Winterpflege 30, 31
Winterquartier 11, 28, 29
Winterruhe 30, 31
Wollläuse 24, 25
Wundpflege 19, **19**
Wurzelballen, ausgetrockneter 26
Wurzelballen, faulender 26
Wurzelfäule 15
Wüstenlimette 39, **39**
Zedratzitronen 57
Zedratzitronen 'Bicolor' 57
Zedratzitronen 'Florentina' 57
Zedratzitronen 'Rugosa' 57
Zitronatzitrone 6, 7, 56, **56**, 57
Zitrone 7, 8, 34, **34**
Zitruspflanzen, veredelte 8

SERVICE

Bezugsquellen

› Flora Toskana, Hans-Peter Maier
Schillerstraße 25
89278 Nersingen OT Straß
(umfangreiches Zitruspflanzen-Sortiment moderner und historischer Sorten; spezialisiert auf Kübel- und Wintergartenpflanzen)
www. flora-toskana.de
info@flora-toskana.de

› Südflora, Peter Klock
Stutsmoor 42
22607 Hamburg
(umfangreiches Zitrussortiment historischer und moderner Sorten)
www.suedflora.com
info@suedflora.com

› Vivai Oscar Tintori
Via Tiro a Segno 55
I-51012 Castellare di Pescia (Pistoia)
(bekanntester Zitrusproduzent Norditaliens; großes Schauge-
wächshaus, umfassende Sammlung ausgefallener Zitrussorten)
www.oscartintori.de
info@oscartintori.it

Zitrussammlungen

› Blumeninsel Mainau
78465 Insel Mainau
(Sammlung historischer Zitruspflanzen)
www.mainau.de

› Schloss und Park Sanssouci
14469 Potsdam
www.sanssouci-sightseeing.de

› Fürst-Pückler-Park Bad Muskau
Leknica Schloss/Orangerie,
Lecnika/Polen
PL-02953 Bad Muskau
www.muskauer-park.de

› Giardino della Villa Medicea
Via di Castello 44
50141 Firenze (Florenz)

› Giardino di Boboli
Piazza Pitti 1
Firenze (Florenz)

› Villa Medicea di Poggio a Caiano,
Piazza dei Medici 12
Poggio a Caiano (Prato)

› Schloss Versailles
78008 Paris-Versailles
www.chateauversailles.fr

Vereine

› Arbeitskreis Orangerien in Deutschland e. V.
12355 Berlin
www.ak-orangerien.de

› Citrus-Interessensgemeinschaft,
p. Adr. Steffen Reichel, Im Burgfeld 247, 60439 Frankfurt
www.citrus-online.de

Literatur

› Klock, Peter & Monika & Thorsten: Zitruspflanzen. Ulmer Verlag, Stuttgart, 2007

› Maier, Hans-Peter: Zitruspflanzen - Schritt für Schritt zum eigenen Zitrusparadies. Gräfe und Unzer Verlag, München, 2006

› Walheim, Lance: Citrus. Tucson, Arizona, 1996

› Tasaki, Ernie & Bond, Rick: All about Citrus. Ortho Verlag, Hamburg, San Remo, California

› Tintori, Giorgio & Sergio: Gli Agrumi Ornamentali, 2000

Dank

Die Fotografin bedankt sich für die Fotoerlaubnis in den Schaugärten und Produktionshäusern von:
› Vivai Oscar Tintori, Italien, 51012 Castellare di Pescia (Pistoia)
› Giardino della Villa Medicea, Italien, Firenze

Bildnachweis

Alle Bilder: Tanja Ratsch (Flora Toskana) mit Ausnahme:
FloraPress: 9, 11; **Fotolia:** 27; **GAP:** U4re., 2li.; **GPL:** 1, 3li., 32; **Kobler:** U1; **Mauritius Images:** U2/3, U2/4, 7; **Reinhard:** 28; **Strauß:** 4, 18, 29

Wichtige Hinweise

› Tragen Sie beim Umgang mit dornigen Zitrus Handschuhe.

› Suchen Sie sofort einen Arzt auf, wenn Sie sich bei der Pflanzenpflege verletzen. Eventuell ist eine Tetanus-Impfung erforderlich.

› Bewahren Sie Pflanzenschutzmittel und Dünger für Kinder und Haustiere unerreichbar auf.

› Gespritzte Zitrusfrüchte vor dem Verzehr oder der Verwertung gründlich waschen oder schälen.

Gartenlust pur

Die neuen Pflanzenratgeber – da steckt mehr drin

ISBN 978-3-8338-0530-1
64 Seiten

ISBN 978-3-8338-1125-8
64 Seiten

ISBN 978-3-8338-0532-5
64 Seiten

Preis je Band: **7,90 €**

ISBN 978-3-8338-0527-1
64 Seiten

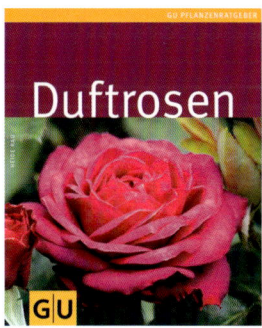

ISBN 978-3-8338-0529-5
64 Seiten

ISBN 978-3-8338-0533-2
64 Seiten

Änderungen und Irrtum vorbehalten.

Das macht sie so besonders:

Praxiswissen kompakt – vermittelt von GU-Gartenexperten

Praktische Klappen – alle Infos auf einen Blick

Die 10 GU-Erfolgstipps – so gedeihen Ihre Pflanzen gut

Willkommen im Leben.

IMPRESSUM

Unsere Garantie

Alle Informationen in diesem Ratgeber sind sorgfältig und gewissenhaft geprüft. Sollte dennoch einmal ein Fehler enthalten sein, schicken Sie uns das Buch mit dem entsprechenden Hinweis an unseren Leserservice zurück. Wir tauschen Ihnen den GU-Ratgeber gegen einen anderen zum gleichen oder ähnlichen Thema um.

Liebe Leserin und lieber Leser,

wir freuen uns, dass Sie sich für ein GU-Buch entschieden haben. Mit Ihrem Kauf setzen Sie auf die Qualität, Kompetenz und Aktualität unserer Ratgeber. Dafür sagen wir Danke! Wir wollen als führender Ratgeberverlag noch besser werden. Daher ist uns Ihre Meinung wichtig. Bitte senden Sie uns Ihre Anregungen, Ihre Kritik oder Ihr Lob zu unseren Büchern. Haben Sie Fragen oder benötigen Sie weiteren Rat zum Thema? Wir freuen uns auf Ihre Nachricht!

Wir sind für Sie da!
Montag – Donnerstag: 8.00 – 18.00 Uhr;
Freitag: 8.00 – 16.00 Uhr *(0,14 €/Min. aus
Tel.: 0180 - 5 00 50 54*   dem dt. Festnetz/
Fax: 0180 - 5 01 20 54*   Mobilfunkpreise können abweichen.)
E-Mail:
leserservice@graefe-und-unzer.de

P.S.: Wollen Sie noch mehr Aktuelles von GU wissen, dann abonnieren Sie doch unseren kostenlosen GU-Online-Newsletter und/oder unsere kostenlosen Kundenmagazine.

GRÄFE UND UNZER VERLAG
Leserservice
Postfach 86 03 13
81630 München

© 2008
GRÄFE UND UNZER VERLAG GmbH, München
Alle Rechte vorbehalten. Nachdruck, auch auszugsweise, sowie Verbreitung durch Film, Funk, Fernsehen und Internet, durch fotomechanische Wiedergabe, Tonträger und Datenverarbeitungssysteme jeglicher Art nur mit schriftlicher Genehmigung des Verlages.

Redaktion: Michael Eppinger
Lektorat: Barbara Kiesewetter
Bildredaktion: Daniela Laußer
Umschlaggestaltung und Layout: independent Medien-Design, München
Herstellung: Gloria Pall
Reproduktion: Longo AG, Bozen
Druck: Firmengruppe APPL, aprinta druck, Wemding
Bindung: Firmengruppe APPL, sellier druck, Freising

Printed in Germany

ISBN 978-3-8338-0531-8

1. Auflage 2008

Ein Unternehmen der
GANSKE VERLAGSGRUPPE

Der Autor

Dipl.-Ing. Hans-Peter Maier ist Inhaber einer Versandgärtnerei für Kübel- und Wintergartenpflanzen mit umfangreichem Zitrus-Sortiment (www.flora-toskana.de). Mit diesem Buch, in dem seine täglichen Erfahrungen mit der praktischen Zitruspflege und den Fragen der Kunden zusammengefasst sind, setzt er die Reihe der erfolgreichen Zitrusbücher im Gräfe und Unzer Verlag fort (»Zitruspflanzen«, GU-Pflanzenpraxis).

Die Fotografin

Dipl.-Ing. Tanja Ratsch ist freie Redakteurin für renommierte Gartenzeitschriften, Buchautorin und passionierte Pflanzenfotografin. In der Gärtnerei ihres Mannes (siehe oben) nutzt sie das Sortiment mediterraner, subtropischer und tropischer Pflanzenraritäten, um Porträts wie praxisnahe Motive zur Zitruspflege fachlich kompetent und zugleich leicht verständlich einzufangen.